▶ Vorwort

Die vorliegende Fallsammlung dient der Ergänzung des ebenfalls bei *niederle media* erschienenen **Studienbuchs zum Europarecht**. Sie kann aber selbstverständlich auch parallel zu jedem anderen Lehrbuch zum Europarecht genutzt werden, um sich in die Besonderheiten der Falllösungstechnik einzuarbeiten.

Inhaltlich orientiert sie sich an den Anforderungen, die im Schwerpunktbereich verlangt werden. Mittlerweile gewinnt das Europarecht aber auch im Bereich des Pflichtfachs immer mehr an Bedeutung. Einige der hier behandelten Fälle sind in ähnlicher Form auch tatsächlich bereits **Gegenstand des schriftlichen Examens** gewesen.

Die ausformulierten Lösungen verstehen sich als *Lösungsvorschläge;* oftmals sind also auch andere Auffassungen gut vertretbar. Wichtiger als das konkrete Ergebnis sind insoweit nicht selten eine sorgfältige und eigenständige Argumentation, sowie eine ansprechende Darstellung des eigenen Lösungsweges.

Die **achte Auflage** ist vollständig überarbeitet worden. Berücksichtigt wurde nicht zuletzt die OMT-Entscheidung des BVerfG.

Kritik und Anregungen sind willkommen und werden an die E-Mail Adresse des Verlages (info@niederle-media.de) oder des Autors (alexander.thiele@jura.uni-goettingen.de) erbeten.

Göttingen, im Februar 2017   *Alexander Thiele*

▶ Inhalt

▶ Unsere 📖 Skripten 📑 Karteikarten 🎵 Hörbücher (CD & MP3)

Zivilrecht

- 📖 Standardfälle für Anfänger (7,90 €)
- 📖 🎵 Standardfälle BGB AT (7,90 €)
- 📖 🎵 Standardfälle Schuldrecht (7,90 €)
- 📖 🎵 Standardfälle Ges. Schuldverh., §§ 677, 812,823
- 📖 🎵 Standardfälle Sachenrecht (9,90 €)
- 📖 🎵 Standardfälle Familien- und Erbrecht (9,90 €)
- 📖 Klausuren Übung für Fortgeschrittene (7,90 €)
- 📖 🎵 Basiswissen BGB (AT) (Frage-Antwort)
- 📖 🎵 Basiswissen SchuldR (AT) 📖 🎵 SchuldR (BT) (7 €)
- 📖 🎵 Basiswissen Sachenrecht, 📖 🎵 FamR, 📖 🎵 ErbR
- 📖 Einführung in das Bürgerliche Recht (7,90 €)
- 📖 Studienbuch BGB (AT) (12 €)
- 📖 Studienbuch Schuldrecht (AT) (12 €)
- 📖 Schuldrecht (BT) 1 - §§ 437, 536, 634, 670 ff. (9,90 €)
- 📖 Schuldrecht (BT) 2 - §§ 812, 823, 765 ff. (9,90 €)
- 📖 SachenR 1 – Bewegl. S., 📖 SachenR 2 – Unb. S. (9,9 €)
- 📖 Familienrecht und 📖 Erbrecht (Einführungen) (9,90 €)
- 📖 Streitfragen Schuldrecht (7,90 €)
- 📖 🎵 Definitionen für die Zivilrechtsklausur (9,90 €)

Strafrecht

- 📖 🎵 Standardfälle für Anfänger Band 1 (9,90 €)
- 📖 Standardfälle für Anfänger Band 2 (7,90 €)
- 📖 Standardfälle für Fortgeschrittene (12 €)
- 📖 🎵 Basiswissen Strafrecht (AT) (Frage-Antwort)
- 📖 🎵 Basiswissen Strafrecht BT 1 und 📖 🎵 BT 2 (7 €)
- 📖 Strafrecht (AT) (7,90 €)
- 📖 Strafrecht (BT) 1 – Vermögensdelikte (9,90 €)
- 📖 Strafrecht (BT) 2 – Nichtvermögensdelikte (9,90 €)
- 📖 🎵 Definitionen für die Strafrechtsklausur (7,90 €)

Irrtümer und Änderungen vorbehalten!

Öffentliches Recht

- 📖 Standardfälle Staatsrecht I – StaatsorgaR (9,90 €)
- 📖 Standardfälle Staatsrecht II – Grundrechte (9,90 €)
- 📖 🎵 Standardfälle f. Anfänger (StaatsorgaR u. GRe) (7,9 €)
- 📖 Standardfälle Verwaltungsrecht (AT) (9,90 €)
- 📖 Standardfälle Polizei- und Ordnungsrecht (9,90 €)
- 📖 Standardfälle Baurecht (9,90 €)
- 📖 Standardfälle Europarecht (9,90 €)
- 📖 Standardfälle Kommunalrecht (9,90 €)
- 📖 🎵 Basiswissen StaatsR I –StaatsorgaR (Fr-Antw.) (7 €)
- 📖 🎵 Basiswissen StaatsR II –GrundR (Frage-Antw.) (7 €)
- 📖 Basiswissen VerwaltungsR AT – (Frage-Antwort) (7 €)
- 📖 Studienbuch Staatsorganisationsrecht (9,90 €)
- 📖 Studienbuch Grundrechte (9,90 €)
- 📖 Studienbuch Verwaltungsrecht AT (12 €)
- 📖 Studienbuch Europarecht (12,90 €) 🎵 Basiswissen EuR
- 📖 Studienbuch Wirtschaftsvölkerrecht (12,90 €)
- 📖 Staatshaftungsrecht (9,90 €)
- 📖 VerwaltungsR AT 1 – VwVfG u. 📖 AT 2–VwGO (7,90 €)
- 📖 VerwaltungsR BT 1 – POR (9,90 €)
- 📖 VerwaltungsR BT 2 – BauR 📖 BT 3 – UmweltR (9,90 €)
- 📖 🎵 Definitionen Öffentliches Recht (9,90 €)

Steuerrecht

- 📖 Abgabenordnung (AO) (9,90 €)
- 📖 Erbschaftsteuerrecht (9,90 €)
- 📖 Steuerstrafrecht/Verfahren/Steuerhaftung (7,90 €)

Sozialrecht

- 📖 Kinder- und Jugendhilferecht (7,90 €)
- 📖 Sozialrecht (9,90 €)

Nebengebiete

- 📖 🎵 Standardfälle Handels- & GesR (9,90 €)
- 📖 🎵 Standardfälle Arbeitsrecht (9,90 €)
- 📖 Standardfälle ZPO (9,90 €)
- 📖 🎵 Basiswissen HandelsR (Frage-Antwort) (7,9 €)
- 📖 🎵 Basiswissen Gesellschaftsrecht (7,90 €)
- 📖 🎵 Basiswissen ZPO (Frage-Antwort) (7,90 €)
- 📖 🎵 Basiswissen StPO (Frage-Antwort) (7,90 €)
- 📖 Handelsrecht (9,90 €)
- 📖 Gesellschaftsrecht (9,90 €)
- 📖 Arbeitsrecht (9,90 €)
- 📖 Kollektives Arbeitsrecht (9,90 €)
- 📖 ZPO I – Erkenntnisverfahren (9,90 €)
- 📖 ZPO II – Zwangsvollstreckung (9,90 €)
- 📖 Strafprozessordnung – StPO (9,90 €)
- 📖 Einf. Internationales Privatrecht - IPR (9,90 €)
- 📖 Standardfälle IPR (9,90 €)
- 📖 Insolvenzrecht (9,90 €)
- 📖 Gewerbl. Rechtsschutz/Urheberrecht (9,90 €)
- 📖 Wettbewerbsrecht (9,90 €)
- 📖 Ratgeber 500 Spezial-Tipps für Juristen (12 €)
- 📖 Mediation (7,90 €)
- 📖 Sportrecht (9,90 €)

Karteikarten (je 9,90 €)

- 📑 Zivilrecht: BGB AT/SchuldR/Grundlagen/Schemata
- 📑 Strafrecht: AT/BT-1/BT-2/Streitfragen
- 📑 Öff. R.: StaatsorgaR/GrundR/VerwR/Schemata

Assessorexamen

- 📖 Der Aktenvortrag im Strafrecht (7,90 €)
- 📖 Der Aktenvortrag im Zivilrecht (7,90 €)
- 📖 Der Aktenvortrag im Öffentlichen Recht (7,90 €)
- 📖 Staatsanwaltl. Sitzungsdienst & Plädoyer (9,90 €)
- 📖 Die strafrechtliche Assessorklausur (7,90 €)
- 📖 Die Assessorklausur VerwR Bd. 1 (7,90 €)
- 📖 Die Assessorklausur VerwR Bd. 2 (7,90 €)
- 📖 Vertragsgestaltung in der Anwaltsstation (7 €)

Irrtümer und Änderungen vorbehalten!

BWL

- 📖 Einführung i. die Betriebswirtschaftslehre (7,90 €)
- 📖 Organisationsgestaltung & -entwickl. (7,90 €)
- 📖 Fallstudien Organisationsgestaltung & -entwickl.
- 📖 Internationales Management (7 €)
- 📖 Wie gelingt meine wiss. Abschlussarbeit? (7 €)
- 📖 Medienwirtschaft für Mediengestalter (14,90 €)

Irrtümer und Änderungen vorbehalten!

Schemata

- 📖 Die wichtigsten Schemata-ZivR,StrafR,ÖR (14,90)
- 📖 Die wichtigsten Schemata–Nebengebiete (9,90 €)

🎵 bedeutet: auch als **Hörbuch** (CD oder MP3-Download) lieferbar!

Bei **niederle-media.de** bestellte Artikel treffen idR *nach 1-2 Werktagen* ein!

1. TEIL: FÄLLE UND LÖSUNGEN

In diesem ersten Teil werden anhand von insgesamt elf Fällen typische Probleme des Europarechts dargestellt. Die meisten Fälle sind an bekannte Urteile des EuGH, des EuG oder des BVerfG angelehnt und behandeln insgesamt „klassische" Probleme, die daher Gegenstand von Klausuren in diesem Bereich sein können. Angesichts der stetig **wachsenden Bedeutung des Europarechts**, werden mittlerweile (zu Recht) aber auch vom Pflichtfachkandidaten vertiefte europarechtliche Kenntnisse verlangt. Examensklausuren mit „europarechtlichem Einschlag" sind keine Ausnahme mehr! Zur Aneignung dieser Kenntnisse will diese Fallsammlung einen Beitrag leisten.

Alle Lösungen zu den Fällen sind vollständig ausformuliert und verstehen sich als **Formulierungsvorschlag** für entsprechende Klausurlösungen. Es wurde bewusst auf eine lediglich skizzenhafte Falllösung verzichtet, da es vielen Studenten schwer fällt, die gefundene gedankliche Lösung auch sprachlich souverän darzustellen. Dies liegt nicht zuletzt daran, dass man sich den sogenannten **Gutachtenstil,** ebenso wie das juristische Fachwissen, erst im Laufe des Studiums aneignen muss. Insbesondere die richtige Mischung von Urteils- und Gutachtenstil lässt sich jedoch nur schwer abstrakt erläutern, sondern kann letztlich allein durch das Schreiben und Lösen von Klausuren wirklich verinnerlicht werden. Eine Hilfestellung bietet hier die Einführung von *Mann*, Einführung in die juristische Arbeitstechnik, 5. Auflage 2015. Insgesamt sollte die Bedeutung des Stils für den Erfolg einer Klausur nicht unterschätzt werden.

Um die in den dargestellten Fällen angesprochenen Probleme zu vertiefen, wird an dieser Stelle auf *Thiele*, **Europarecht, 14. Auflage 2017** verwiesen. Einen Überblick bietet zudem die Hör-CD *Basiswissen Europarecht*. Im Übrigen finden sich im zweiten Teil dieser Fallsammlung Hinweise auf weitere lesenswerte Bücher und Aufsätze.

FALL 1: KOOPERATION ODER NICHT?

Der Ministerrat erließ im Januar des Jahres 2014 eine Verordnung über die Mindestmaschenweite von Fischfangnetzen. Ziel war es, dadurch insbesondere den Fang junger Seehechte unmittelbar zu begrenzen.

Die in Deutschland ansässige Firma Breuer GmbH (B) ist eine Fischfang-Reederei und hat sich auf den Wittlingfang spezialisiert. Dieser Bereich macht dabei ca. 67 % ihrer Fänge insgesamt aus und bildet damit auch die Haupteinnahmequelle der Firma. Sie befürchtet durch die Regelung der Verordnung, dass sich ihre Fänge von Wittling erheblich verringern werden. Dadurch werde ihre wirtschaftliche Betätigung in nicht unerheblichem Maße beeinträchtigt. Sie hält die Regelung der Union insofern für unverhältnismäßig. Zudem werde der Gleichheitssatz verletzt. B erhebt daher Klage gemäß Art. 260 IV AEU vor dem EuG, die jedoch zurückgewiesen wird.

Die Firma B will dies nicht hinnehmen. Sie scheut daher nunmehr auch nicht vor dem „Gang nach Karlsruhe" zurück, um dort eine Verfassungsbeschwerde gegen die genannte Verordnung einzulegen. Die europäische Einigung sei ja gut und schön, doch könne es doch wohl nicht angehen, dass dadurch eine Verletzung ihrer Berufsfreiheit aus Art. 12 GG ermöglicht werde. Immerhin sei ja auch die Europäische Union an die Grundrechte gebunden. Es könne zwar durchaus sein, dass die Rechtsprechung des Gerichtshofs prinzipiell eine solche Grundrechtsbindung auch anerkenne. Positiv sei auch zu werten, dass die Union nunmehr einen eigenen geschriebenen Grundrechtskatalog vorweisen könne. Das könne jedoch nichts daran ändern, dass die EU jedenfalls in diesem Fall zu weit gegangen sei.

Die Firma B beauftragt Sie, eine entsprechende Verfassungsbeschwerde vorzubereiten und möchte zunächst wissen, ob eine solche überhaupt zulässig wäre.

Was werden Sie der Firma B raten?

9

LÖSUNG FALL 1: KOOPERATION ODER NICHT?

Vorüberlegung: In diesem Fall geht es um die Stellung des Unionsrechts innerhalb der nationalen Rechtsordnung und die Frage, wer (EuGH oder BVerfG) bei der Frage möglicher Grundrechtsverletzungen durch die Union das „letzte Wort" hat. Das Grundwissen zu diesem Thema wird im Rahmen des Studiums regelmäßig ausführlich behandelt – auch das BVerfG hat sich im Rahmen des Lissabon-Urteils umfassend mit der Stellung des Unionsrechts und insbesondere der Reichweite des Vorrangs vor nationalem Verfassungsrecht auseinandergesetzt. In der OMT-Entscheidung aus dem Jahr 2016 hat es seine diesbezügliche Ansicht allerdings noch einmal modifiziert, was (leider) auch erhebliche Konsequenzen für die Lösung von Fällen hat. Einen Überblick zu den Auffassungen des EuGH und des BVerfG sowie zum Prüfungsaufbau finden Sie bei *Thiele*, Europarecht, § 6.

In Betracht kommt die Einlegung einer **Verfassungsbeschwerde**[1] gemäß Art. 93 I Nr. 4a GG, §§ 13 Nr. 8a, 90 ff. BVerfGG beim Bundesverfassungsgericht.

A. Zulässigkeit

I. Beschwerdeberechtigung

Die Firma B müsste zunächst **beschwerdeberechtigt** sein. Gemäß § 90 I BVerfGG ist **grds. jedermann** beschwerdeberechtigt. Der Begriff „jedermann" umfasst dabei natürliche Personen sowie juristische Personen, sofern diese nach Art. 19 III GG grundrechtsfähig sind.[2] Bei der inländischen Firma B könnte es sich um eine **juristische Person** handeln. Juristische Personen iSd Art. 19 III GG sind jedenfalls alle Personenmehrheiten, denen das einfache Recht Rechtspersönlichkeit und Rechtsfähigkeit verleiht.[3] Bei der Firma B handelt es sich um eine **GmbH**. Bei dieser Körperschaft handelt es sich um eine mit Rechtsfähigkeit ausgestattete juristische Person des Privatrechts.[4] Die Firma B ist damit grds. grundrechtsfähig. Allerdings können sich juristische Personen – anders als natürliche – nur auf diejenigen

---

[1] Überblick zur Verfassungsbeschwerde bei *Reffken/Thiele*, Standardfälle Staatsrecht II, S. 8 ff.
[2] *Reffken/Thiele*, Standardfälle Staatsrecht II, S. 8.
[3] *Hillgruber/Goos*, Verfassungsprozessrecht Rn 100.
[4] Vgl. § 13 GmbHG.

Grundrechte berufen, die ihrem Wesen nach auch auf Personenmehrheiten anwendbar sind.

Eine solche **wesensmäßige Anwendbarkeit** ist nur dann gegeben, wenn in der Bildung und Betätigung der juristischen Person die freie Entfaltung der privaten natürlichen Personen ihren Ausdruck findet, die hinter der jur. Person stehen.[5] Hier geht es um das Grundrecht der Berufsfreiheit. Der Zusammenschluss zu einem Unternehmen ist gerade Ausdruck der Berufsfreiheit der einzelnen Personen, um auf diese Weise die beruflichen Chancen am (globalen) Markt zu erhöhen. **Art. 12 GG ist also grds. auf juristische Personen anwendbar**; die Firma B ist damit beschwerdeberechtigt.

Hinweis: Diese Ausführungen waren relativ ausführlich. In einer Klausur könnten diese also etwas knapper gehalten werden, wenn es sich im Sachverhalt um eine GmbH handelt. Für folgende Grundrechte wird im Übrigen eine wesensmäßige Anwendbarkeit angenommen: Art. 3, 5, 8, 9, 10, 12, 13, 14 GG. Bei Art. 4 I GG bedarf es dagegen des Rückgriffs auf Art. 19 III GG nach überwiegender Auffassung nicht, da Art. 4 I GG selbst die kollektive Religionsfreiheit mit umfasst.

II. Beschwerdegegenstand

Zulässiger **Beschwerdegegenstand** im Rahmen einer Verfassungsbeschwerde ist gem. § 90 I BVerfGG **jeder Akt der öffentlichen Gewalt**. Der Begriff der öffentlichen Gewalt umfasst dabei grds. **alle drei Gewalten,** um so einen umfassenden Grundrechtsschutz iSd Art. 1 III GG zu gewährleisten.[6] Fraglich ist jedoch an dieser Stelle, wie es sich auswirkt, dass es sich im vorliegenden Fall nicht um einen Akt deutscher, sondern vielmehr um einen Akt unionsrechtlicher Gewalt handelt. Die Firma B will ja gegen die Verordnung der Union[7] vorgehen. Entscheidend ist also die Frage, ob das Bundesverfassungsgericht auch Akte der EU im Rahmen der Verfassungsbeschwerde auf ihre Konformität mit

---

[5]   *Schlaich/Korioth*, Das Bundesverfassungsgericht Rn 207.
[6]   *Reffken/Thiele*, Standardfälle Staatsrecht II, S. 12.
[7]   Zum Rechtsakt der Verordnung nur *Thiele*, Europarecht, § 5.

deutschen Grundrechten überprüfen kann oder ob eine diesbezügliche Prüfungskompetenz dem EuGH vorbehalten ist.[8]

Für eine Prüfungskompetenz des BVerfG spricht zunächst die Überlegung, dass europäische Verordnungen den Einzelnen nicht anders berühren als deutsche (formelle) Gesetze. Sie wirken **unmittelbar auf dessen Rechtskreis** ein, und es bedarf in Fällen wie diesen **keinerlei weiterer Umsetzung durch den deutschen Gesetzgeber.** Diese Besonderheiten des sekundären Unionsrechts begründen jedenfalls auf den ersten Blick ein gewisses Bedürfnis nach einem wie auch bei deutschen Gesetzen bestehenden Grundrechtsschutz durch das BVerfG.[9]

Diese Ansicht berücksichtigt jedoch nicht in ausreichendem Maße, dass die Bundesrepublik **Hoheitsrechte** an die Europäische Union mit den Zustimmungsgesetzen zu den einzelnen Verträgen **übertragen** hat. Diese Hoheitsrechte umfassen dabei grds. auch die in der Verordnung getroffenen Regelungen und insbesondere die Übertragung der Prüfungskompetenz bzgl. unionaler Rechtsakte an den EuGH. Dieser ist damit auch für den erforderlichen Grundrechtsschutz auf europäischer Ebene zuständig. Verstoßen also europäische Rechtsakte gegen Grundrechte, werden sie vom EuGH für nichtig erklärt. Durch dieses eigenständige Kompetenz- und Kontrollsystem wird daher **nach Ansicht des EuGH eine eigenständige Rechtsordnung** begründet.[10] Um diese Eigenständigkeit nicht zu gefährden, dürften dem Unionsrecht daher keine wie auch immer gearteten innerstaatlichen Rechtsvorschriften vorgehen. Ansonsten würde diesem Recht der Charakter als Unionsrecht entzogen. Durch entsprechende nationale Vorbehalte wäre also letztlich die Einheitlichkeit des Unionsrechts gefährdet.

---

[8] Siehe dazu auch *Sachs*, Verfassungsprozessrecht Rn 464.
[9] Vgl. *Epping/Lenz*, Fallrepetitorium Europarecht, Fall 19 Rn 316.
[10] EuGH Rs. 6/64, Slg. 1964, 1251.

Aus dieser – unionsrechtlichen – Sicht wären europäische Verordnungen daher in keinem Falle taugliche Beschwerdegegenstände im Rahmen einer Verfassungsbeschwerde.

Allerdings ist gegen diese strikte Ansicht einzuwenden, dass die EU – auch nach dem Vertrag von Lissabon – die **Schwelle zur Staatlichkeit noch nicht überschritten** hat.[11] Sie ist also auch weiterhin auf die Übertragung von entsprechenden Hoheitsrechten durch die Mitgliedstaaten angewiesen, die weiterhin die „**Herren der Verträge**" bleiben. Der Union fehlt insbesondere die sogenannte „Kompetenz-Kompetenz". Anders als souveräne Staaten kann sie also allein in den Bereichen handeln, die ihr von den Mitgliedstaaten übertragen wurden. Eine einseitige Erweiterung ihrer Kompetenzen ist also nicht möglich.

Solange sich jedoch dieser Status nicht ändert, sind es allein die souveränen Mitgliedstaaten, die die Bedingungen ihrer Mitgliedschaft in der Union autonom bestimmen können. Diesem Grundsatz entsprechend ist auch in Deutschland eine **Hoheitsübertragung** allein **unter den Voraussetzungen des Art. 23 GG** möglich. Dieser verlangt für eine Übertragung dabei unter anderem, dass die Union demokratischen, rechtsstaatlichen, sozialen und föderativen Grundsätzen entspricht und zudem einen dem Grundgesetz **im Wesentlichen vergleichbaren Grundrechtsschutz** gewährleistet. Das jeweilige Zustimmungsgesetz der Bundesrepublik, durch das eine Hoheitsübertragung ermöglicht werden soll, muss sich folglich an diesen Grundsätzen messen lassen. Doch auch dann, wenn die Zustimmung erteilt und der jeweilige Unionsvertrag in Kraft ist, muss die Tätigkeit der Union auch in der Folgezeit diesen Ansprüchen Genüge tun.

---

[11] Das Bundesverfassungsgericht bezeichnet die Europäische Union als „Staatenverbund", BVerfGE 89, 155.

Sollte dies nicht der Fall sein, so wäre die Bundesrepublik verpflichtet, den jeweiligen Handlungen die innerstaatliche Geltung zu verweigern.[12]

Aus diesen Überlegungen folgt, dass auch die **Gewährleistung eines im Wesentlichen vergleichbaren Grundrechtsstandards dauerhaft auf dem nationalen Prüfstand stehen muss**. Sollte dieser Standard unterschritten werden, muss folglich das BVerfG die Möglichkeit einer Überprüfung haben. Bis zuletzt war daher auch das BVerfG davon ausgegangen, dass eine Verfassungsbeschwerde gegen unionale Sekundärrechtsakte jedenfalls unter bestimmten Voraussetzungen möglich ist. Von dieser Ansicht ist es in seiner **OMT-Entscheidung** nunmehr jedoch abgewichen, Sekundärrechtsakte können seitdem in diesem Verfahren nicht mehr direkt angegriffen werden.[13] Gegenstand einer Verfassungsbeschwerde kann vielmehr allein ein **mögliches Handeln oder Unterlassen deutscher Staatsorgane** sein.

Anders als möglicherweise zu vermuten, führt diese neue Ansicht jedoch nicht zwangsläufig zur Unzulässigkeit der Verfassungsbeschwerde. Die Firma B müsste allerdings ihren Klagegenstand auf ein **potenziell grundrechtswidriges Handeln oder Unterlassen deutscher Staatsorgane** umstellen. Als solches kommt hier vor allem ein Unterlassen der Bundesregierung in Betracht. Unterstellt man nämlich die Grundrechtswidrigkeit des hier vorliegenden Sekundärrechtsakts, wäre sie als Mitglied des Rates jedenfalls verpflichtet gewesen, auf dessen Änderung oder Abschaffung hinzuwirken. Eine Klage nach Art. 263 II AEU wäre ebenfalls denkbar, allerdings – da hier die gleichen Maßstäbe wie bei Art. 263 IV AEU – ohne Erfolgsaussichten. Immerhin bleibt mit dem Vorwurf, sich nicht in ausreichender Form gegen die Fortgeltung der Verordnung auf europäischer Ebene eingesetzt zu haben, zumindest ein prinzipiell tauglicher Beschwerdegegenstand.

---

[12] BVerfGE 89, 155.
[13] BVerfG 2 BvR 2728/13 Rn. 97.

14

Eine entsprechende Umstellung unterstellt, wendet sich die Firma B folglich gegen einen zulässigen Beschwerdegegenstand.

> **Hinweis**: Diese Frage ist und bleibt in der Literatur auch nach der dogmatisch wenig überzeugenden OMT-Entscheidung umstritten. Unklar ist nicht zuletzt, was geschehen soll, wenn sich die Bundesregierung in ausreichender Form für die Abschaffung des jeweiligen Sekundärrechtsakts eingesetzt hat. Streng genommen muss dann eine auch mittelbare Prüfung desselben unterbleiben, da der Bundesregierung kein Vorwurf gemacht werden kann. Auch ist nicht geklärt, ob in Zukunft eine konkrete Normenkontrolle nach Art. 100 Abs. 1 GG weiterhin in analoger Anwendung auch für europäisches Sekundärrecht gelten soll. Da Vorlagegegenstand hier stets nur eine Norm (und kein Handeln oder Unterlassen eines Bundesorgans) sein kann, kommt eine entsprechende Umdeutung in diesen Fällen nicht in Betracht. Siehe dazu auch *Thiele*, Die Integrationsidentität als (einzige) Grenze des Vorrangs des Europarechts, EuR 2017, i.E.

III. Beschwerdebefugnis

Die B-Firma müsste auch **beschwerdebefugt** sein. Eine solche Beschwerdebefugnis liegt dann vor, wenn der Beschwerdeführer geltend machen kann, durch den angegriffenen Akt – hier also das Unterlassen der Bundesregierung – **möglicherweise selbst, gegenwärtig und unmittelbar** in seinen Grundrechten verletzt zu sein.[14]

1. Möglichkeit einer Verletzung

Die Verletzung von Grundrechten müsste zunächst als möglich erscheinen. Eine solche Möglichkeit liegt dabei grds. dann vor, wenn eine Verletzung des jeweiligen Grundrechts **nicht von vornherein ausgeschlossen** werden kann.

Allerdings ist an dieser Stelle zu bedenken, dass sich die Verfassungsbeschwerde zwar formal gegen das Unterlassen der Bundesregierung richtet. Diese ist zwar nach Art. 1 Abs. 3 GG an die Grundrechte gebunden. Mittelbar jedoch ist Gegenstand der Verfassungsbeschwerde der unionale

---

[14] *Hillgruber/Goos*, Verfassungsprozessrecht Rn 146.

Sekundärrechtsakt. Mit dem EuGH besteht aber bereits eine Instanz, die grds. für die Überprüfung dieser Rechtsakte zuständig ist und dabei auch den erforderlichen Grundrechtsschutz im gesamten Unionsgebiet gewährleistet. Diese grds. Zuständigkeitsverteilung hat auch die Bundesrepublik durch das Zustimmungsgesetz prinzipiell anerkannt.

Das BVerfG hat konsequenterweise festgestellt, dass es seine Gerichtsbarkeit in diesen Fällen im Grundsatz nicht mehr ausüben werde (es spricht in diesem Zusammenhang von einem sog. **„Kooperationsverhältnis"** zum EuGH). Voraussetzung dieser Aussetzung sei jedoch, dass die Schranken des Art. 23 I GG nicht verletzt würden. Insbesondere dürfe die Rechtsentwicklung einschließlich der Rechtsprechung des EuGH nicht unter den zwingend erforderlichen Grundrechtsstandard absinken.[15] Diese Anforderungen dürften auch nach der OMT-Entscheidung des BVerfG fortgelten.

Aus diesen Überlegungen folgt, dass die Möglichkeit einer Verletzung deutscher Grundrechte im Rahmen einer Verfassungsbeschwerde nur dann besteht, **wenn der Beschwerdeführer nachweisen kann, dass der europäische Grundrechtsschutz diesen Anforderungen generell nicht mehr genügt.** Die Begründung einer Verfassungsbeschwerde muss daher im Einzelnen darlegen, dass der jeweils als unabdingbar gebotene Grundrechtsschutz auf europäischer Ebene generell nicht gewährleistet ist. Erst dann wird dem korrespondierend eine Handlungspflicht der Bundesregierung begründet, gegen diesen Rechtsakt auf europäischer Ebene vorzugehen.

Im vorliegenden Fall rügt die B allein eine mögliche Verletzung des Art. 12 GG durch die angegriffene Verordnung. Ein solcher möglicher vereinzelter Verstoß ist jedoch nicht hinreichend, um die derzeit ruhende Verfassungsgerichts-

---

[15] BVerfGE 102, 147.

16

barkeit in Fällen mit Unionsbezug zu reaktivieren und eine Handlungspflicht der Bundesregierung zu begründen.

Selbst wenn also das BVerfG die Auffassung teilen sollte, dass in diesem konkreten Fall tatsächlich eine Verletzung des Art. 12 GG vorliegt, würde dies für die in diesen Fällen erforderliche **qualifizierte Beschwerdebefugnis nicht ausreichen**.

Hinweis: Das Bundesverfassungsgericht anerkennt zudem eine Beschwerdebefugnis, wenn der Beschwerdeführer substantiiert darlegen kann, dass es der Union an einer Kompetenz für den jeweiligen Rechtsakt fehlt (sog. **ausbrechender Rechtsakt**). Zur Begründung verweist das BVerfG darauf, dass die Union nur dort handeln könne, wo sie von den Mitgliedstaaten mit Hoheitsrechten ausgestattet worden sei. In allen anderen Bereichen liege die Kompetenz hingegen weiterhin bei den Mitgliedstaaten. Prozessualer Hebel im Rahmen der Klagebefugnis sind in diesen Fällen allerdings nicht die Grundrechte, sondern Art. 38 GG. Denn, so die Überlegung, soweit die EU Kompetenzen wahrnimmt, die ihr nicht übertragen worden sind, werden die nationalen Kompetenzen und damit zugleich das Wahlrecht des Einzelnen zum deutschen Bundestag ausgehöhlt. Auch hier ist formaler Gegenstand aber seit der OMT-Entscheidung stets ein mögliches Unterlassen deutscher Staatsorgane.

Zudem hat das BVerfG in seinem Lissabon Urteil festgestellt, dass es auch eine Verletzung der nationalen Verfassungsidentität überprüfen kann. Wann von einer solchen Verletzung auszugehen ist, bleibt allerdings unklar. Auch insoweit ist im Rahmen der Klagebefugnis aber auf Art. 38 GG zu rekurrieren.

---

2. Zwischenergebnis

Angesichts dieser Defizite im Vortrag der Firma B, ist diese **nicht** als **beschwerdebefugt** anzusehen.

IV. Ergebnis zur Zulässigkeit

Die Verfassungsbeschwerde der Firma B ist **unzulässig**.

B. Gesamtergebnis

Die VB der Firma B hat **keine Aussicht auf Erfolg**. Es ist der B daher nicht zu raten, eine VB einzulegen.

Hinweis: In einer Klausur kann dieses Problem auch im Rahmen einer **konkreten Normenkontrolle**[16] relevant werden, wenn etwa ein deutscher Richter eine europäische Verordnung wegen eines möglichen Verstoßes gegen Grundrechte dem BVerfG vorlegen will.

Die konkrete Normenkontrolle kennt den Prüfungspunkt *Klagebefugnis* jedoch nicht. Die gesamte Problematik ist daher im Prüfungspunkt *Vorlagegegenstand* abzuhandeln.

Seit der OMT-Entscheidung ist dabei unklar, ob das BVerfG eine konkrete Normenkontrolle im Hinblick auf unionales Sekundärrecht weiterhin als zulässig ansehen würde, da eine Umstellung des Vorlagegegenstandes auf ein mögliches Unterlassen deutscher Staatsorgane hier nicht möglich wäre – bei der Normenkontrolle ist Gegenstand immer eine Norm.

---

[16] Überblick zu dieser bei *Reffken/Thiele*, Standardfälle Staatsrecht I, S. 26 ff.

18

Der Tennisprofi Boris Baron (B) ist aufgrund seiner vielen Grand-Slam Erfolge in der Öffentlichkeit äußerst bekannt; in regelmäßigen Abständen wird über ihn in den Medien berichtet. Dabei kommt es immer häufiger auch zu Berichten, die mit seiner Sportlerkarriere unmittelbar in keinem Zusammenhang stehen, sondern das private Leben eines Tennisprofis schildern. B hat das bisher hingenommen, ohne sich gegen die teilweise absurden Berichte zur Wehr zu setzen.

Eines Tages schlägt er jedoch die Zeitung auf und sieht erneut Bilder von sich, wie er in einem Beach-Club über eine Stufe stolpert. Über dem offensichtlich aus großer Entfernung aufgenommenen Bild findet sich folgende Überschrift: „Na Herr Baron, immer schön aufpassen". B ist über das peinliche Bild äußerst verärgert und will nunmehr gegen die Zeitung vorgehen. Er verklagt diese daher auf Schadensersatz wegen der Verletzung seines allgemeinen Persönlichkeitsrechts. In die Veröffentlichung des Bildes habe er ja zu keinem Zeitpunkt eingewilligt.

Vor Gericht hat B jedoch in allen Instanzen keinen Erfolg. Das Gericht weist dabei darauf hin, dass B aufgrund seiner Bekanntheit als „absolute Person der Zeitgeschichte" einzustufen sei, vgl. § 23 I 1 KUG[17]. Die ansonsten erforderliche Einwilligung der abgebildeten Person sei in diesen Fällen grds. nicht erforderlich. Etwas anderes gelte nach § 23 II KUG nur dann, wenn durch die Verbreitung ein berechtigtes Interesse des Abgebildeten verletzt werde. Ein solches berechtigtes Interesse sei aber nach der Rechtsprechung des BVerfG nur dann anzuerkennen, wenn sich die abgebildete Person erkennbar in räumlicher Abgeschiedenheit aufhalte oder etwa mit ihren Kindern unterwegs sei. Beides sei in diesem Fall jedoch nicht gegeben. Daher überwiege in diesen Fall die Pressefreiheit gegenüber dem Persönlichkeitsrecht des B, so dass die Veröffentlichung im Ergebnis zulässig sei.

---

[17]   KUG steht für Kunst-Urheber-Gesetz.

Der Anwalt des B weist demgegenüber zu Recht daraufhin, dass diese gefestigte Rechtsprechung des BVerfG nach einem neueren Urteil des EGMR gegen Art. 8 der EMRK verstoße. Danach sei es nur dann zulässig Fotos ohne Einwilligung des Betroffenen zu veröffentlichen, wenn die Fotoaufnahmen zu einer öffentlichen Diskussion über eine Frage allgemeinen Interesses beitrage. Dies könne etwa bei Politikern unter Umständen auch ein Recht der Presse begründen, über das Privatleben des Betroffenen zu berichten. Sofern hingegen Personen betroffen seien, die keinerlei Amt bekleideten und die allein ihrem Alltagsleben nachgingen, werde durch die Veröffentlichung von Fotos allein die Neugier eines bestimmten Publikums befriedigt. Das hingegen könne eine Beschränkung des Persönlichkeitsrechtes nicht rechtfertigen. Die vom BVerfG getroffene Unterscheidung zwischen der erkennbaren räumlichen Abgeschiedenheit und der sonstigen Öffentlichkeit sei hingegen zum Schutz der Privatsphäre ungeeignet.

Sämtliche Richter bezweifeln die Existenz des EGMR-Urteils nicht, weisen jedoch daraufhin, dass die EMRK allein den Rang einfachen Rechtes habe. Deutsche Richter hingegen müssten eine Abwägung verschiedener Verfassungsgüter vornehmen und dabei sei die EMRK und auch das Urteil des EGMR unerheblich. Eine direkte Bindung der Gerichtsbarkeit an die Urteile des EGMR sei insofern abzulehnen. Dies gelte erst Recht, sofern dadurch eine gefestigte Rechtsprechung des BVerfG in Frage gestellt werde. Deutsche Richter brauche das EGMR-Urteil insoweit nicht zu interessieren.

B ist von diesen Ausführungen nicht überzeugt. Er will daher gegen das letztinstanzliche Urteil Verfassungsbeschwerde erheben.

Hat die Verfassungsbeschwerde Aussicht auf Erfolg?

Hinweis: Von der Verfassungsmäßigkeit des KUG ist auszugehen.

20

LÖSUNG FALL 2: EGMR VERSUS BVERFG...

Vorüberlegung: Im vorliegenden Fall geht es um die Frage, welche Wirkung Urteile des EGMR im deutschen Rechtsraum entfalten, insbesondere inwieweit deutsche Gerichte bei ihrer Tätigkeit an diese gebunden sind. Diese Frage ist bis heute umstritten und wurde vor wenigen Jahren durch einen Beschluss des BVerfG wiederum aktuell.[18] Dadurch kann auch im Bereich des Pflichtfachs Europarecht von Ihnen erwartet werden, dass Sie mit dieser Materie vertraut sind. Dies gilt nicht zuletzt aufgrund der Tatsache, dass das BVerfG die Frage, ob und wann für den Einzelnen diesbezüglich eine Verfassungsbeschwerdemöglichkeit besteht, in dem Beschluss ausdrücklich angesprochen hat. Sie sollten den (nicht unumstrittenen) Beschluss daher in jedem Falle einmal nachlesen. Überblick dazu auch bei *Thiele*, Europarecht, § 21. Zudem zeigt dieser Fall, dass Sie auch im Bereich des Europarechts zwingend staatsrechtliche Kenntnisse haben müssen, um auf alle Fallkonstellationen vorbereitet zu sein. Europarecht und Staatsrecht „berühren" sich in vielfältiger Weise.

Die **Verfassungsbeschwerde**[19] des B hat Aussicht auf Erfolg, soweit sie zulässig (A) und begründet (B) ist.

A. Zulässigkeit der Verfassungsbeschwerde

I. Beschwerdeberechtigung

B müsste zunächst beschwerdeberechtigt sein. Beschwerdeberechtigt ist gemäß § 90 BVerfGG grds. „**jedermann**", also jedenfalls jede natürliche Person. B ist als **natürliche Person** damit beschwerdeberechtigt.

II. Beschwerdegegenstand

B müsste sich gegen **einen tauglichen Beschwerdegegenstand** wenden. Tauglicher Beschwerdegegenstand ist gemäß § 90 I BVerfGG **jeder Akt der öffentlichen Gewalt.** Der Begriff der öffentlichen Gewalt umfasst dabei anders als in Art. 19 IV GG **alle drei Gewalten**, um so einen umfassenden Grundrechtsschutz im Sinne des Art. 1 III GG zu gewährleisten.[20]

---

[18] BVerfG NJW 2004, 3407 ff.
[19] Zur Verfassungsbeschwerde *Reffken/Thiele*, Standardfälle Staatsrecht II, S. 8 ff.
[20] *Hillgruber/Goos*, Verfassungsprozessrecht Rn 132.

> **Tipp**: In einer Klausur empfiehlt es sich, an dieser Stelle kurz klarzu-
> stellen, dass der Begriff „öffentliche Gewalt" wegen Art. 1 III GG insoweit
> anders zu verstehen ist, als in Art. 19 IV GG.

Im vorliegenden Fall wendet sich A gegen das letztinstanzliche Urteil, welches die Schadensersatzpflicht und Un-
terlassungspflicht endgültig verneint. Ein solches Urteil ist
ein **Akt der Judikative** und stellt damit einen tauglichen Beschwerdegegenstand dar.

III. Beschwerdebefugnis

B müsste zudem beschwerdebefugt sein. Dies ist der Fall,
wenn B geltend machen kann, durch das Urteil **möglicherweise (1) selbst, gegenwärtig und unmittelbar (2)** in einem seiner Grundrechte oder grundrechtsgleichen Rechte
verletzt zu sein.

1. Möglichkeit einer Grundrechtsverletzung

Eine **Grundrechtsverletzung** müsste zunächst als **möglich
erscheinen**. Eine solche Möglichkeit besteht dann, wenn
der Grundrechtsverstoß nicht offensichtlich von vornherein
ausgeschlossen ist.[21]

Problematisch in diesem Zusammenhang ist nun allerdings,
dass der Anspruch auf Schadensersatz **zivilrechtlicher
Natur** ist. Die beanstandete letztinstanzliche Entscheidung
betraf also nicht ein Staat-Bürger-Verhältnis, sondern ausschließlich die Rechtsbeziehung zwischen der B und der
Zeitung, also zwischen **zwei Privatrechtssubjekten**. Adressat der Grundrechte sind dem Wortlaut des Art. 1 III GG
zufolge jedoch nicht die Staatsbürger, sondern die drei
Staatsgewalten. Die Grundrechte entfalten also ihre Rechts-
wirkung zunächst einmal nur im (vertikalen) Verhältnis des
Staates zu seinen Bürgern. Es stellt sich daher die Frage, ob
Grundrechte überhaupt durch ein Urteil verletzt sein können,
welches ausschließlich die Rechtsbeziehungen zwischen
zwei Privatrechtssubjekten betrifft.

---

[21] BVerfGE 38, 139 (146); *Epping*, Grundrechte Rn 168.

Dies wäre allerdings dann möglich, wenn die Grundrechte nicht nur im Staat-Bürger-Verhältnis, sondern zusätzlich auch noch im (horizontalen) Verhältnis der Staatsbürger untereinander Wirkung entfalten können und anwendbar sind. Es stellt sich daher das Problem der sogenannten **Drittwirkung der Grundrechte**.[22]

> **Hinweis:** Das Problem der Drittwirkung der Grundrechte müssen Sie kennen und immer dann ansprechen, wenn es um die Verletzung von Grundrechten im Rahmen eines Rechtsverhältnisses geht, in dem sich nicht der Staat auf der einen und ein Bürger auf der anderen Seite, sondern zwei Privatrechtssubjekte gegenüberstehen. In einer Klausur müssen Sie also immer dann das Problem der Drittwirkung ansprechen, wenn in dem Klausursachverhalt gegen ein Urteil, das einen privatrechtlichen Streit entschieden hat, Verfassungsbeschwerde erhoben wird.

> **Tipp:** Ist in einer Klausur nicht auf die Zulässigkeit, sondern nur auf die Begründetheit einer Verfassungsbeschwerde einzugehen, sprechen Sie das Problem der Drittwirkung von Grundrechten am besten am Anfang der Begründetheitsprüfung unter dem eigenständigen Gliederungspunkt „Prüfungsmaßstab" an. Dort können sie die Frage erörtern, ob die Grundrechte als Prüfungsmaßstab in Betracht kommen.

Nach allgemeiner Ansicht entfaltet zumindest der Art. 9 III 2 GG, der im Bereich des Arbeitslebens Koalitionsfreiheit gewährt, eine unmittelbare Wirkung zwischen den Staatsbürgern untereinander.[23] Dem Art. 9 III 2 GG kommt insofern eine **unmittelbare Drittwirkung** zu. Dementsprechend könnte erwogen werden, auch den anderen Grundrechten eine unmittelbare Drittwirkung zukommen zu lassen.

Hiergegen spricht jedoch zunächst die klassische Funktion der Grundrechte als subjektive Abwehrrechte gegen den Staat, ferner der Wortlaut des Art. 1 III GG und zudem der Ausnahmecharakter des Art. 9 III 2 GG, dessen Inhalt nicht verallgemeinerungsfähig ist.[24] Schließlich würde eine unmittelbare Drittwirkung permanente Grundrechtskollisionen zur Folge haben und die Privatautonomie sehr stark be-

---

[22] Eine gute Darstellung dieses Problems finden Sie bei *Epping*, Grundrechte Rn 299 ff.

[23] *Jarass/Pieroth*, Art. 9 GG Rn 34 mit weiteren Nachweisen.

[24] *Frotscher/Kramer*, JuS 2002, 862, 864.

schränken.[25] **Mit Ausnahme des Art. 9 III 2 GG entfalten die Grundrechte daher keine unmittelbare Drittwirkung.**

Schon früh hat das Bundesverfassungsgericht jedoch erkannt, dass die Grundrechte nicht allein subjektive Abwehrrechte gegen Maßnahmen des Staates darstellen, sondern auch eine **objektive Wertordnung** beinhalten, die als verfassungsrechtliche Grundentscheidung in alle Rechtsbereiche und somit auch in die Bereiche des Privatrechts hineinwirkt.[26] Insbesondere über die zivilrechtlichen Generalklauseln wie z.b. § 138 BGB oder § 242 BGB können die Grundrechte daher eine Ausstrahlungswirkung auch in das Privatrecht hinein entfalten.[27] Den Grundrechten kommt daher zwar keine unmittelbare, aber zumindest eine **mittelbare Drittwirkung** zu.

Aufgrund dieser mittelbaren Drittwirkung können Grundrechte daher auch dann verletzt sein, wenn ein Gericht, das über einen privatrechtlichen Streit entscheidet, bei der Auslegung des einfachen Rechts **grundrechtliche Wertvorgaben** nicht hinreichend beachtet hat.[28] Die Zivilgerichte müssen daher bei der Auslegung und Anwendung der zivilrechtlichen Normen Bedeutung und Tragweite der von der Entscheidung berührten Grundrechte ausreichend berücksichtigen.[29]

Hinweis: Manche Stimmen in der Literatur (vor allem *Schwabe*[30]) halten den Komplex „mittelbare Drittwirkung" für ein Scheinproblem, denn der Staat, der durch rechtliche Regelungen, richterliche Entscheidungen und ggf. hoheitliche Vollstreckung die Privatrechtsbeziehungen gestalte, sei wegen Art. 1 III GG stets an die Grundrechte gebunden. Die Lehre von der mittelbaren Drittwirkung sei daher gegenstandslos.[31] In einer Hausarbeit, sollten Sie sich intensiver mit dieser Auffassung auseinander-

---

[25] *Frotscher/Kramer*, JuS 2002, 862, 864.
[26] BVerfGE 7, 198 ff. (*Lüth*).
[27] Die zivilrechtlichen Generalklauseln werden in diesem Zusammenhang auch als *Einbruchstellen* der Grundrechte in das Zivilrecht bezeichnet, vgl. *Pieroth/Schlink*, Grundrechte Rn 181.
[28] BVerfGE 7, 198 (204 ff.) (*Lüth*).
[29] BVerfGE 7, 198 (205 ff.); 97, 125 (144 ff.).
[30] *Schwabe*, Die sogenannte Drittwirkung der Grundrechte.
[31] Hierzu *Dreier*, in: ders., GG, Vorb. Rn 98.

setzen. In einer Klausur wird Ihnen hierzu wohl meist die Zeit fehlen, so dass sie den Fall mit der Lehre von der mittelbaren Drittwirkung lösen sollten und ggf. am Rande erwähnen können, dass *Schwabe* mit einem anderen Ansatz zum gleichen Ergebnis kommt.

Im vorliegenden Fall war das Gericht somit verpflichtet, bei der Auslegung des § 23 KUG **das allgemeine Persönlichkeitsrecht (Art. 2 I iVm 1 I GG) des B** zu berücksichtigen. Es erscheint dabei in diesem Fall jedenfalls nicht ausgeschlossen, dass das Gericht diese grundrechtliche Wertung nicht in ausreichendem Maße berücksichtigt hat. Zu beachten ist dabei hier zudem die Besonderheit, dass der **EGMR** bereits die generelle Tauglichkeit der deutschen Kriterien zum Schutze der Persönlichkeit berühmter Persönlichkeiten anzweifelt. Da die **EMRK** auch Geltung in Deutschland besitzt, ist es jedenfalls nicht von vornherein ausgeschlossen, dass auch deutsche Gerichte Entscheidungen des EGMR zumindest bei ihrer Tätigkeit berücksichtigen müssen. Da dies im vorliegenden Fall nicht geschehen ist, kann eine Verletzung des allgemeinen Persönlichkeitsrechts des B somit nicht ausgeschlossen werden und erscheint daher zumindest als möglich.

Hinweis: Bei der Prüfung der Beschwerdebefugnis geht es allein um die Möglichkeit einer Verletzung eines Grundrechts. Ob das Grundrecht tatsächlich verletzt wurde, ist hingegen eine Frage der Begründetheit. Sie müssen an dieser Stelle daher mit Ihren Formulierungen aufpassen. Das Ergebnis muss stets sein, dass eine Verletzung **möglicherweise** vorliegt. Wichtig war es hier zudem, bereits das Problem der Geltung der EMRK im nationalen Recht anzusprechen, da dies auch den Hauptteil der Begründetheitsprüfung ausmachen wird. Es wäre insofern zwar nicht falsch aber zumindest unschön, wenn Sie sich an dieser Stelle – wie sonst üblich – mit der Feststellung begnügt hätten, dass es nicht auszuschließen ist, dass das Gericht die Einschlägigkeit des Art. 2 I iVm 1 I GG verkannt hat.

2. Selbst, gegenwärtig und unmittelbar

B ist durch das Urteil auch selbst, gegenwärtig und unmittelbar betroffen.

> **Hinweis:** Erhebt die in einem Rechtsstreit unterlegene Partei eine **Urteil-verfassungsbeschwerde,** ist die eigene, gegenwärtige und unmittelbare Betroffenheit grundsätzlich unproblematisch zu bejahen. Auf längere Ausführungen im Gutachtenstil kann dann verzichtet werden. Bei der **Rechtsatzverfassungsbeschwerde** müssen Sie hingegen an dieser Stelle ausführlicher und im Gutachtenstil arbeiten.

3. Zwischenergebnis

B ist beschwerdebefugt.

IV. Rechtwegerschöpfung und Subsidiarität

B hat laut Sachverhalt (wie von § 90 II BVerfGG gefordert) den **Rechtweg ausgeschöpft.** Auch sonstige Möglichkeiten, den möglichen Grundrechtsverstoß zunächst durch die Fachgerichtsbarkeit überprüfen zu lassen, (**Subsidiarität**) sind nicht ersichtlich.

V. Form und Frist

B muss die Verfassungsbeschwerde **schriftlich** einreichen und **begründen** (§ 23 I BVerfGG). Zudem muss sie innerhalb eines Monats nach Zustellung des angegriffenen Urteils eingelegt werden (§ 93 I 2 BVerfGG).

VI. Ergebnis

Die Verfassungsbeschwerde ist bei fristgemäßer Einreichung zulässig.

> **Hinweis:** Nach § 93a BVerfGG bedarf die Verfassungsbeschwerde der **Annahme zur Entscheidung.** Dies stellt jedoch keine Frage der Zulässigkeit oder der Begründetheit einer Verfassungsbeschwerde dar. Da Ihnen regelmäßig Hinweise im Sachverhalt fehlen, anhand derer Sie die Annahme überprüfen könnten, müssen Sie in einer Klausur auf diesen Punkt grundsätzlich nicht eingehen. Sie könnten aber am Ende der Zulässigkeitsprüfung kurz erwähnen, dass Sie von einer Annahme nach § 93a BVerfGG ausgehen.

B. Begründetheit der Verfassungsbeschwerde

Die Verfassungsbeschwerde des B ist auch begründet, soweit dieser durch das letztinstanzliche Urteil tatsächlich in seinem allgemeinen Persönlichkeitsrecht aus Art. 2 I iVm Art. 1 I GG verletzt wurde.

Tipp: Nehmen Sie in dem Obersatz zur Begründetheit den konkreten Beschwerdegegenstand und die möglicherweise verletzten Grundrechte auf. Hierdurch wird der abstrakte, für alle VB geltende Obersatz mit „Leben" gefüllt.

I. Prüfungsmaßstab

In diesem Zusammenhang ist zu beachten, dass das BVerfG **keine „Superrevisionsinstanz"** ist. Der Prüfungsumfang ist auf die Verletzung „spezifischen Verfassungsrechts" begrenzt. Ob die letztinstanzliche Entscheidung im Widerspruch zum einfachen Recht steht, wird hingegen von Seiten des BVerfG grundsätzlich nicht geprüft. „**Spezifisches Verfassungsrecht**" ist verletzt, wenn das Urteil des Zivilgerichts auf einer verfassungswidrigen Rechtsgrundlage beruht, wenn der Richter bei der Auslegung des einfachen Rechts grundrechtliche Wertungen nicht beachtet hat, das Urteil objektiv unhaltbar und damit willkürlich erscheint oder im Laufe des Verfahrens gegen Verfahrensgrundrechte verstoßen worden ist.

Hinweis: Prüfungsmaßstab des BVerfG bei der Verfassungsbeschwerde ist das **Grundgesetz**, nicht das einfache Recht. Streng genommen stellt allerdings jede fehlerhafte Verletzung einfachen Rechts durch einen judikativen oder exekutiven Akt auch einen Verstoß gegen die Verfassung dar, nämlich gegen den Vorrang des Gesetzes, der als Teil des Rechtsstaatsprinzips in Art. 20 III GG verankert ist.

Ein Verstoß gegen Art. 20 III GG kann zwar mit einer Verfassungsbeschwerde nicht unmittelbar gerügt werden. Gerügt werden kann jedoch bei freiheitsbeschränkenden Handlungen des Staates, sofern kein spezielleres Grundrecht einschlägig ist, zumindest immer die Verletzung der allgemeinen Handlungsfreiheit (Art. 2 I GG). In diese darf wiederum nur eingegriffen werden, wenn der Eingriff durch die verfassungsmäßige Ordnung gedeckt ist, wenn er also nicht im Widerspruch zu den Vorschriften des GG steht. In diesem Zusammenhang kommt nun auch im

Rahmen einer Verfassungsbeschwerde Art. 20 III GG wieder „ins Spiel":
Der Eingriff darf nicht im Widerspruch zum Vorrang des Gesetzes (Art. 20
III GG) stehen.

Entsprechendes gilt auch für Eingriffe in den Schutzbereich der übrigen
Grundrechte (z.B. Art. 5 I 2 GG). Auch hier ist bei Anwendung einer
gesetzlichen Eingriffsgrundlage von Seiten der Verwaltung und der Rechtsprechung der Vorrang des Gesetzes zu beachten.

Konsequent gedacht, müsste das Bundesverfassungsgericht im Rahmen
einer Urteilsverfassungsbeschwerde daher eigentlich auch prüfen, ob die
einfachgesetzliche Eingriffsgrundlage, einfach-rechtlich richtig angewendet worden ist, ob etwa sämtliche Tatbestandsvoraussetzungen erfüllt
sind. Dann wäre das Bundesverfassungsgericht jedoch nicht nur tatsächlich überfordert, sondern es hätte auch die Stellung einer alle Rechtsgebiete erfassenden **„Superrevisionsinstanz"**. Es ist aber gerade Aufgabe der übrigen obersten Bundesgerichte (Bundesgerichtshof, Bundes-
verwaltungsgericht, Bundesfinanzhof, Bundesarbeitsgericht, Bundes-
sozialgericht), letzte Instanz ihrer jeweiligen Rechtsgebiete zu sein.[32]

Daher schränkt das BVerfG bei der Urteils-VB seinen Prüfungsumfang
ein: Es überprüft nur die „Verletzung spezifischen Verfassungsrechts":
Eine solche Verletzung liegt vor, wenn:

a) die gesetzliche Eingriffgrundlage verfassungswidrig ist,
b) grundrechtliche Wertungen bei der Auslegung und
Anwendung des Gesetzes nicht beachtet worden sind,
c) das Urteil schlicht willkürlich ist oder
d) im Rahmen der Urteilsfindung gegen
Verfahrensgrundrechte verstoßen worden ist.

II. Verletzung des allgemeinen Persönlichkeitsrechts

In diesem Fall erscheint es denkbar, dass das Gericht bei
seiner Entscheidung Wertungen des **allgemeinen Persönlichkeitsrechts des B aus Art. 2 I GG iVm Art. 1 I GG**
nicht hinreichend berücksichtigt hat.

1. Schutzbereich des Art. 2 I iVm Art. 1 I GG

Das **allgemeine Persönlichkeitsrecht** ist im GG nicht ausdrücklich erwähnt. Das BVerfG, das die normative Grundlage dieses Rechts in Art. 2 I GG iVm Art. 1 I GG sieht,[33]

---

[32] Vgl. auch *Schlaich/Korioth*, Das Bundesverfassungsgericht Rn 284.
[33] BVerfGE 75, 369 (380); *Jarass/Pieroth*, Art. 2 GG Rn 29.

geht davon aus, dass dem Einzelnen durch dieses Recht **ein autonomer Bereich privater Lebensgestaltung gesichert wird, in dem er seine Individualität entwickeln und wahren kann.**[34] Die Rechtsprechung hat dabei im Laufe der Zeit den Schutzbereich des allgemeinen Persönlichkeitsrechts durch die Herausarbeitung einzelner Rechte weiter aufgefächert.[35] Zu nennen sind etwa das Recht auf informationelle Selbstbestimmung, das Recht am eigenen Wort, das Recht auf Kenntnis der eigenen Abstammung sowie das Recht am eigenen Bild. Dieses letztgenannte Recht gestattet es dem Einzelnen, die bildliche Darstellung der eigenen Person anderen gegenüber grds. selbst zu bestimmen.[36] Durch die erfolgte Veröffentlichung des Fotos in einer öffentlichen Zeitung ist der sachliche Schutzbereich somit grds. eröffnet. Da es sich beim allgemeinen Persönlichkeitsrecht auch **nicht um ein „Deutschengrundrecht"** handelt, ist B auch unabhängig von seiner Staatsangehörigkeit vom persönlichen Schutzbereich umfasst.

2. Eingriff

Durch das Urteil müsste zudem in den Schutzbereich eingegriffen worden sein. In diesem Fall wird durch das letztinstanzliche Urteil endgültig bestätigt, dass die Veröffentlichung des Fotos **auch ohne die Einwilligung des B rechtmäßig war.** Damit wird es dem B – jedenfalls für diesen Fall – unmöglich gemacht, die weitere Veröffentlichung des Fotos zu untersagen oder zumindest Schadensersatz für die bereits erfolgte Veröffentlichung zu verlangen. Damit wird ein grds. geschütztes Verhalten für den B unmöglich gemacht, so dass hier auch **ein Eingriff vorliegt.**

---

[34] BVerfGE 79, 256 (268).
[35] Eine Aufzählung mit entsprechenden Nachweisen auch bei *Sachs*, Verfassungsrecht II, B 2 Rn 53 sowie ausführlich bei *Dreier*, in: ders., GG-Kommentar Bd. 1, Art. 2 I GG Rn 68 ff.
[36] BVerfGE 101, 361 (381); 97, 228 (268 f.).

> **Hinweis**: Die Frage, ob der Zivilrichter in diesen Drittwirkungsfällen tatsächlich einen Eingriff in das jeweilige Grundrecht vornimmt, ist in der Literatur nicht unumstritten.[37] In einer Klausur brauchen Sie auf diesen Streit indes regelmäßig nicht einzugehen.

3. Verfassungsrechtliche Rechtfertigung

Das letztinstanzliche Urteil wäre indes verfassungsrechtlich gerechtfertigt, wenn es (a) auf einer **verfassungsmäßigen Rechtsgrundlage** beruht und von dieser auch (b) in **verfassungsmäßiger Weise Gebrauch** gemacht wurde.

> **Hinweis**: Beachten Sie den zweistufigen Aufbau der Urteilsverfassungsbeschwerde. Eine Rechtfertigung setzt – wie bei einer Rechtssatz-VB – zunächst voraus, dass das zugrundeliegende Gesetz verfassungsgemäß ist. Darüber hinaus muss jedoch auch noch geprüft werden, ob das Gericht die Norm verfassungsgemäß im konkreten Einzelfall angewandt hat. Siehe dazu auch *Reffken/Thiele*, Standardfälle Staatsrecht II, S. 19 f.

a) Verfassungsmäßigkeit der Rechtsgrundlage

Laut Bearbeitervermerk ist von der Verfassungsmäßigkeit des KUG auszugehen. Eine Prüfung ist an dieser Stelle damit entbehrlich.

b) Verfassungsmäßige Anwendung

Fraglich ist indes, ob das Gericht im konkreten Fall auch in **verfassungsmäßiger Weise** von der Rechtsgrundlage **Gebrauch** gemacht hat.

aa) Grundsatz

Dabei ist zunächst zu beachten, dass das BVerfG für die generelle Abwägung zwischen dem allgemeinen Persönlichkeitsrecht auf der einen und der Pressefreiheit auf der anderen Seite in gefestigter Rechtsprechung bereits Kriterien aufgestellt hat, die für diese Bewertung maßgeblich sind. Danach ist zunächst zu klären, ob es sich um eine

---

[37] Verneinend etwa *Epping*, Grundrechte Rn 316 ff. Anders *Alexy*, Theorie der Grundrechte, 1994, S. 486 f.

absolute oder relative Person der Zeitgeschichte handelt. Solche Personen müssen die Veröffentlichung von Bildern aufgrund des gesteigerten Medieninteresses grds. auch ohne Einwilligung hinnehmen, sofern sie sich in der Öffentlichkeit aufhalten. Etwas anderes gilt nur dann, wenn sie sich in örtlicher Abgeschiedenheit befinden und dies nach außen auch erkennbar ist. Für eine verfassungsmäßige Anwendung ist im vorliegenden Fall damit allein entscheidend, ob das Gericht berechtigterweise davon ausgehen konnte, dass es sich bei B um eine solche Person handelt und dass sich B zudem zum Zeitpunkt der Aufnahme in der Öffentlichkeit aufhielt. Unter diesem Gesichtspunkt ergeben sich jedoch im vorliegenden Fall keine Bedenken. Bei B handelt es sich um einen bekannten und populären Sportler und damit um eine absolute Person der Zeitgeschichte, die sich zudem in einem Beach-Club, und damit in der Öffentlichkeit bewegte. **Grds. lässt sich damit eine fehlerhafte Rechtsanwendung im vorliegenden Fall nicht feststellen.**

Hinweis: Bei der Prüfung der Verfassungsmäßigkeit der konkreten Anwendung ist es wichtig, dass Sie deutlich machen, dass Sie nicht ihre Auffassung an die Stelle derjenigen des Gerichts setzen. Sie müssen überprüfen, ob die rechtliche Würdigung aus verfassungsrechtlicher Sicht grds. fehlerhaft erscheint. Dazu erhält der Sachverhalt jedoch keinerlei Hinweise.

---

bb) Wirkung des entgegenstehenden EGMR-Urteils

Fraglich ist indes, ob sich im vorliegenden Fall eine andere Bewertung ergibt, da der **EGMR** in einer jüngeren Entscheidung in der pauschalen Differenzierung des BVerfG zwischen absoluten Personen der Zeitgeschichte und sonstigen Personen einen Verstoß gegen Art. 8 der EMRK sieht.[38]

Nach Auffassung des EGMR ist es für die Abwägung zwischen dem Schutz des Privatlebens und der Freiheit der Meinungsäußerung entscheidend, ob Fotoaufnahmen und

---

[38] Vgl. EGMR NJW 2004, 2647 ff.

Presseartikel zu einer öffentlichen Diskussion über eine Frage allgemeinen Interesses beitragen und Personen des politischen Lebens betreffen. Nur in diesen Fällen spielt die Presse ihre wesentliche Rolle als „Wachhund". In Fällen wie dem vorliegenden hingegen, bei dem allein eine Person gezeigt wird, die zwar bekannt ist, indes keinerlei öffentliches Amt bekleidet und allein in ihrem Alltagsleben abgelichtet ist, wird lediglich die Neugier eines bestimmten Publikums befriedigt. In solchen Konstellationen überwiegt folglich der Schutz der Privatsphäre. Der EGMR käme damit hier zu einer anderen Bewertung.

Fraglich ist insoweit, ob und wie das nationale Gericht verpflichtet war, diese Auffassung des EGMR bei seiner Entscheidung zu berücksichtigen. Bei der Beantwortung dieser Frage ist zunächst zu beachten, dass der EMRK im deutschen Recht der Rang eines einfachen Gesetzes zukommt.

Sie genießt folglich **keinen Verfassungsrang** (vgl. Art. 59 II GG). Ein unmittelbarer Einfluss der EMRK auf die Auslegung der deutschen Grundrechte ist damit abzulehnen. Andererseits ist zu berücksichtigen, dass sich die Bundesrepublik durch die Ratifikation der EMRK völkerrechtlich verpflichtet hat, die Gewährleistungen der EMRK und die Entscheidungen des EGMR zu berücksichtigen und auch umzusetzen.

Aus diesen Überlegungen folgt zunächst, dass Verwaltungsbehörden und auch Gerichte sich nicht unter Berufung auf Entscheidungen des EGMR von der rechtsstaatlichen Kompetenzordnung und der Bindung an Gesetz und Recht entziehen können (Art. 20 III GG).[39] Selbst eindeutig der EMRK entgegenstehendes nationales Recht bleibt demnach auch für den deutschen Richter weiterhin verbindlich, selbst wenn hierin zwangsläufig ein Völkerrechtsverstoß zu sehen ist.

---

[39] BVerfG NJW 2004, 3407 (3410).

32

Andererseits folgt aus der **Völkerrechtsfreundlichkeit des Grundgesetzes und aus der Bindung an Gesetz und Recht** gleichzeitig, dass die Gewährleistungen der EMRK und die Entscheidungen des EGMR im Rahmen methodisch vertretbarer Gesetzesauslegung von den nationalen Gerichten beachtet werden müssen. Diese durch das deutsche Zustimmungsgesetz ausgelöste Pflicht erfordert damit zumindest, dass die entsprechenden Texte und Judikate zur Kenntnis genommen werden und in den Willensbildungsprozess des zu einer Entscheidung berufenen Gerichts einfließen. Im Rahmen dieser Berücksichtigung von Entscheidungen des Gerichtshofes haben die staatlichen Organe die Auswirkungen auf die nationale Rechtsordnung in ihre Rechtsanwendung einzubeziehen.

Dies gilt insbesondere dann, wenn es sich um ein in seinen Rechtsfolgen **ausbalanciertes Teilsystem** des innerstaatlichen Rechts handelt, das verschiedene Grundrechtspositionen miteinander zum Ausgleich bringen will. In diesem Rahmen ist es die Aufgabe der nationalen Gerichte, eine Entscheidung des EGMR in dem betroffenen Teilrechtsbereich der nationalen Rechtsordnung einzupassen. Solange im Rahmen geltender methodischer Standards Auslegungs- und Abwägungsspielräume eröffnet sind, trifft deutsche Gerichte dabei die Pflicht, der konventionsmäßigen Auslegung den Vorrang zu geben.

Etwas anderes gilt nur dann, wenn die Beachtung der Entscheidung des Gerichtshofs gegen eindeutig entgegenstehendes Gesetzesrecht oder deutsche Verfassungsbestimmungen, namentlich auch gegen die Grundrechte verstößt. „Berücksichtigen" bedeutet folglich, die Konventionsbestimmung in der Auslegung des Gerichtshofs zur Kenntnis zu nehmen und auch auf den Fall anzuwenden, soweit die Anwendung nicht gegen Verfassungsrecht verstößt. **Damit verstoßen sowohl die fehlende Auseinandersetzung mit der Entscheidung des Gerichtshofes als auch deren gegen vorrangiges Recht verstoßende schematische**

„Vollstreckung" gegen Grundrechte in Verbindung mit dem Rechtsstaatsprinzip.[40]

Im vorliegenden Fall waren sämtliche Richter der Auffassung, dass die Entscheidung des EGMR für die Auslegung im konkreten Sachverhalt keinerlei Rolle spielt. Sie sind damit auf diese **Entscheidung überhaupt nicht eingegangen** und haben sie folglich nicht, wie an sich erforderlich, bei ihrer Entscheidungsfindung „berücksichtigt". Es fehlt folglich an der notwendigen gebührenden Auseinandersetzung mit der Auffassung des EGMR. In diesem Verhalten liegt damit ein Verstoß gegen das allgemeine Persönlichkeitsrecht in Verbindung mit dem Rechtsstaatsprinzip.

Das Gericht hat folglich hier keine verfassungsmäßige Anwendung der Rechtsgrundlage vorgenommen.

Hinweis: Der diesem Fall zugrundeliegende Beschluss des BVerfG hat in der Literatur viel Kritik erfahren. **Es bleibt letztlich unklar, was genau unter „Berücksichtigung" zu verstehen** ist und wann der nationale Richter dabei von der Entscheidung des EGMR abweichen kann. Problematisch ist vor allem die Passage in der das BVerfG darauf hinweist, wonach insbesondere die Auswirkungen auf das nationale Recht beachtet werden müssten und inwieweit ein „ausbalanciertes Teilsystem des innerstaatlichen Rechts"[41] betroffen sei. Das BVerfG spielt hier offensichtlich auf seine Konstruktion mit den Personen der absoluten Personen der Zeitgeschichte an. Im vorliegenden Fall hingegen war der Verfassungsverstoß des nationalen Richters eindeutig: In jedem Falle muss eine Auseinandersetzung stattfinden. Problematisch wird es erst dann, wenn das Gericht eine Auseinandersetzung vornimmt und anschließend mit ausführlicher Begründung von der Auffassung des EGMR abweicht. Wann in diesen Fällen ein Verstoß gegen Grundrechte anzunehmen ist, ist damit weiterhin fraglich.

---

4. Zwischenergebnis

Aufgrund der fehlenden Auseinandersetzung mit der Entscheidung des EGMR **verletzt das Urteil den B** in seinem allgemeinen Persönlichkeitsrecht in Verbindung mit dem Rechtsstaatsprinzip.

---

[40] BVerfG NJW 2004, 3407 (3410).
[41] BVerfG NJW 2004, 3407 (3411).

34

III. Ergebnis zu Begründetheit

Die Verfassungsbeschwerde des B **ist begründet.**

C. Gesamtergebnis

Die Verfassungsbeschwerde des B ist sowohl **zulässig als auch begründet.**

Hinweis: Dieser Fall war nicht einfach, da er die Kenntnis des EGMR-Urteils und auch des BVerfG-Beschlusses voraussetzt. Auch im Bereich des Pflichtfachs kann dies jedoch von Ihnen angesichts der besonderen Bedeutung dieser Entscheidungen verlangt werden und wurde im (schriftlichen) Examen auch tatsächlich bereits abgeprüft. Sie sollten beide Entscheidungen daher gelesen haben und die aktuellen Entwicklungen in diesem Bereich – gerade nach dem von der Union angestrebten Beitritt zur EMRK – verfolgen.

Das deutsche Unternehmen Sauf und Co. (S) ist einer der größten Bierexporteure Deutschlands und will nun auch auf dem schwedischen Markt endlich Fuß fassen. Es tritt daher in Kontakt zu einem schwedischen Presseunternehmen (P), das unter anderem die in Schweden äußerst populäre Zeitschrift „Pop und So" verlegt. S möchte in Zukunft in dieser Zeitschrift regelmäßig Anzeigen für ihr Bier schalten. Der Chef von P ist daran sehr interessiert. Er weist jedoch auf ein schwedisches Gesetz hin, das ihm schon lange ein Dorn im Auge ist. § 2 des Gesetzes bestimmt Folgendes:

„Bei der Förderung des Absatzes von Spirituosen, Wein oder Bier ist es verboten, gewerbliche Anzeigen in Zeitschriften oder Zeitungen oder sonstigen Druckschriften aufzugeben, ... Das gilt jedoch nicht für Schriften, die ausschließlich an den Verkaufsstätten für diese Getränke verbreitet werden."

S ist entsetzt. Es hält ein solches Verbot im vereinten Europa für unzulässig. Sowohl S als auch P wollen jedoch keinen Prozess riskieren. Sie beschließen daher, zunächst die Kommission von dieser Regelung zu informieren.

Auch diese hält die Regelung nach interner Prüfung für einen klaren Verstoß gegen die Grundfreiheiten. Sie richtet daher ein Mahnschreiben an die schwedische Regierung und fordert diese zur Stellungnahme innerhalb dreier Monate auf. Als diese vier Monate später noch immer nicht reagiert hat, gibt die Kommission eine begründete Stellungnahme ab und fordert Schweden auf, die Regelung innerhalb zweier Monate aufzuheben. Die schwedische Regierung teilt jedoch umgehend mit, dass sie dies nicht tun werde. Sie halte die Regelung aus Gründen des Gesundheitsschutzes für gerechtfertigt. Die Kommission beschließt daher unverzüglich Klage beim EuGH zu erheben.

Hat die Klage der Kommission Aussicht auf Erfolg?

Hinweis: Die Dienstleistungsfreiheit ist nicht zu prüfen.

Angelehnt an EuGH Rs. C-405/98, Slg. 2001, I-1795 (Gourmet International).

Lösung Fall 3: Bitte keine Werbung...

Vorüberlegung: Es handelt sich hier um einen Fall aus dem Bereich der Grundfreiheiten. Die **Grundfreiheiten** bilden einen der Schwerpunkte im Rahmen der Ausbildung. Es werden hier daher auch vom Pflichtfachkandidaten durchaus vertiefte Kenntnisse erwartet. Einen Überblick zu den Grundfreiheiten erhalten Sie bei *Cremer,* Jura 2015, 39. Zur Prüfung der Grundfreiheiten in der Klausur *Thiele*, JA 2005, 621 sowie *Manger-Nestler*/Noack, JuS 2013, 503 ff. Prozessual geht es um das Vertragsverletzungsverfahren gem. Art. 258 AEU. Dazu nur *Thiele*, Europarecht, § 10 sowie ausführlich *Thiele*, Europäisches Prozessrecht, § 5.

Das **Vertragsverletzungsverfahren** der Kommission hat Aussicht auf Erfolg, soweit es **zulässig** (A) und soweit es **begründet** (B) ist.

A. Zulässigkeit

I. Beteiligtenfähigkeit

Aktiv beteiligtenfähig ist im Verfahren des Art. 258 AEU allein die Kommission.

> **Hinweis**: Das in Art. 259 AEU geregelte Vertragsverletzungsverfahren eines anderen Mitgliedstaats spielt in der Praxis so gut wie keine Rolle. Das könnte sich durch die geplante Einführung der PKW-Maut in Deutschland indes ändern. Österreich hat insoweit bereits angekündigt, gegen diese Regelung auch juristisch vorzugehen,

Passiv beteiligtenfähig sind **ausschließlich die einzelnen Mitgliedstaaten.** Schweden als Mitgliedsstaat ist damit beteiligtenfähig; organschaftlich wird Schweden durch dessen Regierung vertreten.

> **Hinweis**: Das Verfahren des Art. 258 AEU richtet sich niemals gegen einzelne staatliche Organe oder Behörden. Stets wird also der Unionsrechtsverstoß dem **Gesamtstaat zugerechnet**, der dann von der Kommission verklagt wird.[42]

II. Klagegegenstand

Zulässiger Klagegegenstand ist im Rahmen des Art. 258 AEU ein möglicher **Verstoß gegen eine Verpflichtung aus**

---

[42] *Thiele*, Europäisches Prozessrecht, § 5 Rn 6.

dem EU- bzw. AEU-Vertrag. Anders als diese Formulierung nahe legt, ist die Rügemöglichkeit der Kommission dabei nicht auf die Verletzung des geschriebenen **Primärrechts** begrenzt. Umfasst sind vielmehr auch Verstöße gegen das **Sekundärrecht** der Union sowie Verletzungen der **allgemeinen Rechtsgrundsätze.**[43] Im vorliegenden Fall rügt die Kommission eine Verletzung der europäischen Grundfreiheiten durch das schwedische Werbeverbotsgesetz. Die Grundfreiheiten sind Bestandteil des Primärrechts und damit ein tauglicher Klagegegenstand.

III. Klageberechtigung

Das Vertragsverletzungsverfahren dient der objektiven Kontrolle der Einhaltung des Unionsrechts. Die Kommission als die „Hüterin des Unionsrechts" braucht also nicht nachzuweisen, dass der gerügte Verstoß etwa in ihre Rechte eingreift. Allerdings muss die Kommission von dem Verstoß sowohl in rechtlicher als auch in tatsächlicher Hinsicht **überzeugt** sein; **bloße Zweifel genügen also nicht.**[44] Laut Sachverhalt hält die Kommission das Gesetz für einen „klaren Verstoß" gegen Unionsrecht. Daraus lässt sich folgern, dass sie von der Vertragsverletzung überzeugt ist. Sie ist damit auch klagebefugt.

IV. Vorverfahren

Vor Klageerhebung ist zunächst erforderlich, dass die Kommission das **außergerichtliche Vorverfahren** ordnungsgemäß durchgeführt hat, Art. 258 I AEU.

> **Hinweis**: Das Vorverfahren erfüllt im Wesentlichen **zwei Funktionen.** Zum einen soll dadurch versucht werden, den Konflikt bereits außergerichtlich zu lösen, auch um so den EuGH zu entlasten. Tatsächlich hat sich gezeigt, dass ein Großteil der eingeleiteten Verfahren auf diese Wiese vorzeitig erledigt werden können. Zum anderen wird durch das Vorver-

---

[43] *Schwarze*, in: ders. Art. 226 EG Rn 6. Dies folgt letztlich ohnehin aus der Überlegung, dass jeder Verstoß gegen Sekundärrecht gleichzeitig einen Verstoß gegen Art. 288 AEU iVm Art. 4 Abs. 3 EU und damit des Primärrechts darstellt.

[44] *Burgi*; in: Rengeling/Middeke/Gellermann, § 6 Rn 9.

38

fahren der endgültige Streitgegenstand festgelegt. Der EuGH befasst sich also allein mit den Vorwürfen, die die Kommission in ihrer begründeten Stellungnahme aufgenommen hat. Eine nachträgliche Erweiterung ist nur in sehr engen Grenzen möglich.

1. Mahnschreiben

Erforderlich ist zunächst, dass die Kommission den betreffenden Mitgliedstaat durch ein **Mahnschreiben** über die Einleitung des Vertragsverletzungsverfahrens unterrichtet, um diesem **die Möglichkeit zu einer Stellungnahme** (innerhalb einer bestimmten Frist) zu ermöglichen. Ein solches Mahnschreiben hat die Kommission hier laut Sachverhalt an Schweden gerichtet. Dass sich die schwedische Regierung tatsächlich zu den Vorwürfen nicht geäußert hat, schadet nicht. Erforderlich ist allein die Einräumung einer Äußerungsmöglichkeit; ob diese wahrgenommen wird oder nicht, ist hingegen unerheblich.[45]

2. Begründete Stellungnahme

Sofern der Mitgliedstaat Gelegenheit zur Stellungnahme hatte und der Vertragsverstoß auch noch nach einer angemessenen Frist weiter andauert, muss die Kommission eine **begründete Stellungnahme** abgeben, wo die einzelnen **Vorwürfe** noch einmal **formalisiert aufgelistet** werden. Auch dies ist laut Sachverhalt erfolgt. Fraglich ist allein, ob die Kommission zuvor eine angemessene Frist hat verstreichen lassen. Regelmäßig angemessen ist dabei eine Frist von **zwei Monaten**.[46] Da die Kommission hier eine Frist von drei Monaten gesetzt hat und auch erst nach insgesamt vier Monaten die begründete Stellungnahme erlässt, ist somit von einer angemessenen Frist auszugehen.

Auch in der **begründeten Stellungnahme** muss noch einmal eine letzte Frist zur Beseitigung des Verstoßes gesetzt werden. Auch wenn die Literatur die Einsetzung einer Mo-

---

[45]   *Burgi*, in: Rengeling/Middeke/Gellermann, § 6 Rn 12.
[46]   Siehe *Cremer*, in: Calliess/Ruffert, Art. 258 AEUV Rn 12.

natsfrist für ausreichend erachtet, hat sich in der Praxis eine Fristgewährung von zwei Monaten eingebürgert.

Die begründete Stellungnahme erfüllt auch diese Voraussetzung.

3. Zwischenergebnis

Das Vorverfahren wurde ordnungsgemäß durchgeführt.

V. Frist

Eine Klagefrist ist in den Verträgen nicht vorgesehen.

Hinweis: Das Fehlen einer Klagefrist unterstreicht noch einmal den objektiv-rechtlichen Charakter des Vertragsverletzungsverfahrens.

VI. Rechtsschutzbedürfnis

Sofern das Vorverfahren eingehalten wurde und die Vertragsverletzung fortbesteht, besteht grds. auch ein **allgemeines Rechtsschutzbedürfnis**. Fraglich ist jedoch hier, wie es sich auswirkt, dass die Kommission laut Sachverhalt „unverzüglich" Klage erheben will. Grds. kann sie erst dann klagen, wenn die in der begründeten Stellungnahme eingeräumte Frist erfolglos verstrichen ist. Zu beachten ist jedoch, dass die schwedische Regierung deutlich gemacht hat, dass sie nicht willens ist, den „Verstoß" bis dahin abzustellen. **Es steht damit bereits jetzt fest, dass die Frist erfolglos verstreichen wird.** Ein Abwarten des Fristablaufs von der Kommission zu verlangen erscheint unter diesem Gesichtspunkt wenig sinnvoll. Es besteht daher auch ein allgemeines Rechtsschutzbedürfnis.

Hinweis: Problematisch ist das Rechtsschutzbedürfnis auch immer dann, wenn der Vertragsverstoß durch den Mitgliedstaat mittlerweile beseitigt wurde. Sofern dies innerhalb der in der Stellungnahme gesetzten Frist geschieht, ist eine Klage der Kommission nicht mehr zulässig. Nicht ganz eindeutig ist jedoch der Fall, wenn der Verstoß **erst nach Ablauf der Frist jedoch vor Klageerhebung beseitigt wird.** Nach früherer Rechtsprechung war in diesen Fällen ein besonderes Rechtsschutzbedürfnis erforderlich. Mittlerweile stellt der Gerichtshof jedoch allein auf die Situation

40

bei Ablauf der gesetzten Frist ab.[47] War die Vertragsverletzung also zu diesem Zeitpunkt noch nicht beseitigt, so liegt es letztlich allein im Ermessen der Kommission, ob sie Klage erhebt.

VII. Ergebnis

Das Vertragsverletzungsverfahren der Kommission **ist zulässig.**

B. Begründetheit

Das Vertragsverletzungsverfahren ist auch begründet, wenn **tatsächlich** ein der schwedischen Regierung zurechenbarer **Verstoß gegen das Unionsrecht** vorliegt. In Betracht kommt hier eine Verletzung der Warenverkehrsfreiheit durch den Erlass des vollständigen Werbeverbots.[48]

I. Verstoß gegen die Warenverkehrsfreiheit

Das vollständige Werbeverbot stellt möglicherweise einen Verstoß gegen die Warenverkehrsfreiheit dar. Dies wäre der Fall, wenn ein **Eingriff** (2) in den **Schutzbereich** der Warenverkehrsfreiheit (1) vorliegt, der nicht **gerechtfertigt** werden kann (3).

1. Schutzbereich der Warenverkehrsfreiheit

Die **Warenverkehrsfreiheit** ist in den **Art. 34 ff. AEU** geregelt. Der Schutzbereich verlangt zunächst, dass es bei dem zu betrachtenden Sachverhalt um **Waren iSd Art. 34 AEU** geht. Dieser Begriff ist unionsrechtlich zu bestimmen. Danach fallen darunter **alle Erzeugnisse, die einen Geldwert haben und daher Gegenstand von Handelsgeschäften sein können.**[49] Das Werbeverbot verbietet die Werbung für alkoholische Getränke. Zwar ist das Werbeverbot selbst keine Ware, entscheidend ist jedoch, dass es sich bei den

---

[47] EuGH Rs. 287/87, Slg. 1990, I-125.
[48] Zur grds. Prüfung der Grundfreiheiten *Thiele*, JA 2005, 621 sowie *Cremer*, Jura 2015, 39. Ausführlich zu den Grundfreiheiten *Frenz*, Handbuch Europarecht Bd. 1; *Ehlers*, Europäische Grundrechte und Grundfreiheiten, 4. Auflage 2014; *Detterbeck*, Öffentliches Recht, § 34.
[49] *Enchelmaier*, Europäisches Wirtschaftsrecht Rn 26.

von diesem erfassten Getränken um Erzeugnisse handelt, die Gegenstand von Handelsgeschäften sein können (und auch sind). Insofern handelt sich folglich um Waren iSd. Art. 34 AEU.

Erforderlich ist für die Eröffnung des Schutzbereiches zudem grds. ein sog. **grenzüberschreitendes Element**. Sämtliche Grundfreiheiten sind folglich nur dann einschlägig, wenn es um Sachverhalte geht, bei denen in irgendeiner Form innerunionale Grenzen in relevanter Weise überschritten werden.[50] Rein nationale Sachverhalte hingegen können nicht am Maßstab der Grundfreiheiten überprüft werden.[51] In diesem Fall betrifft das Werbeverbot jedoch nicht allein inländische Produzenten. Auch ausländische Erzeuger, die ihre Waren nach Schweden exportieren wollen, können nach dieser Regelung für diese nicht werben. Das erforderliche grenzüberschreitende Element liegt somit vor.

Hinweis: Abzustellen ist an dieser Stelle nicht auf das konkrete Unternehmen S. Da im Vertragsverletzungsverfahren ganz allgemein untersucht wird, ob die Regelung im Grundsatz mit Europarecht vereinbar ist, kommt es auf dessen konkrete Situation nicht an. Zu untersuchen ist also, ob die Regelung generell auch ausländische Exporteure betreffen kann oder nicht.

---

2. Eingriff

In den Schutzbereich der Warenverkehrsfreiheit müsste ferner durch eine **staatliche Maßnahme eingegriffen** worden sein. Bei dem Gesetz handelt es sich um eine staatliche Maßnahme. Fraglich ist jedoch, ob dieses Gesetz auch einen Eingriff darstellt.

---

[50] *Thiele*, Europarecht, § 12; *Enchelmaier*, Europäisches Wirtschaftsrecht Rn 22; *Cremer*, Jura 2015, 39 (43). A.A. *Epiney*, Umgekehrte Diskriminierungen, S. 163.

[51] Der Grund hierfür liegt letztlich in der zweistufigen Binnenmarktkonzeption, die zwischen den Grundfreiheiten auf der einen und der förmlichen Rechtsharmonisierung auf der anderen Seite differenziert. Siehe nur *Thiele* Europarecht § 12.

> **Hinweis**: Vornehmlich sind die Mitgliedstaaten Adressaten der Grundfrei-
> heiten. Problematisch ist hingegen, ob im Bereich der Grundfreiheiten
> auch eine Drittwirkung in Betracht kommt.[52] Sofern dies in einer Klausur
> problematisch sein sollte, wäre dieses Problem an dieser Stelle anzu-
> sprechen.

a) *Dassonville*-Formel

Ein Eingriff in die Warenverkehrsfreiheit liegt zum einen bei
mengenmäßigen Einfuhrbeschränkungen vor. Eine solche
ist hier jedoch nicht gegeben. Möglich ist ein Eingriff jedoch
auch bei Maßnahmen gleicher Wirkungen wie mengen-
mäßige Einfuhrbeschränkungen. Der Gerichtshof versteht
dieses Merkmal seit der *Dassonville*-Entscheidung[53] äußerst
weit. Danach erfüllt **jede Handelsregelung, die geeignet
ist, den Handel zwischen den Mitgliedstaaten unmittelbar oder mittelbar, tatsächlich oder potenziell zu behindern**, dieses Tatbestandsmerkmal. Auf eine möglicherweise diskriminierende Wirkung kommt es also nicht an; der
EuGH versteht die Warenverkehrsfreiheit als umfassendes
Beschränkungsverbot. Eine solche Beschränkung liegt daher letztlich bereits dann vor, wenn die Ausübung der
Freiheit **in irgendeiner Weise behindert oder weniger
attraktiv gemacht** wird.[54] Das hier vorliegende Alkoholwerbeverbot kann jedenfalls potenziell dazu führen, dass
der innerunionale Absatz eingeführter Alkoholika zurück-
geht. Dadurch wird die Einfuhr für ausländische Unter-
nehmer nach Schweden offensichtlich weniger attraktiv. Damit stellt die schwedische Regelung grds. eine Maßnahme
gleicher Wirkung dar.

b) Einschränkung durch die Keck-Formel

Die *Dassonville*-Formel ist äußerst weit. Letztlich lässt sich
kaum eine innerstaatliche Regelung denken, die sich nicht
zumindest potenziell beschränkend auf den innerunionalen
Handel auswirkt. Aus diesem Grund hat der EuGH die weite

---

[52] Dazu nur *Ehlers*, Europäische Grundrechte und Grundfreiheiten, § 7 Rn 45 f.
[53] EuGH Rs. 8/74, Slg. 1974, 837.
[54] *Ehlers*, Europäische Grundrechte und Grundfreiheiten, § 7 Rn 72.

Dassonville-Formel in seinem Urteil zur Rechtssache *Keck*[55] teilweise wieder eingeschränkt. Danach fallen die Regelungen von **Verkaufsmodalitäten** dann nicht unter den Tatbestand des Art. 34 AEU, wenn diese nicht-diskriminierend ausgestaltet sind und sich rechtlich wie tatsächlich auf inländische und ausländische Waren gleichermaßen auswirken. Die Abgrenzung von solchen Verkaufsmodalitäten zu den weiterhin unter Art. 34 AEU fallenden produktbezogenen Regelungen ist dabei nicht immer ganz einfach. Grds. lässt sich aber festhalten, dass **Verkaufsmodalitäten diejenigen Regelungen sind, die festlegen, wann verkauft werden darf und wo und wie dies zu geschehen hat.** Klassische Beispiele sind etwa Ladenöffnungszeiten oder bestimmte Preisregelungen. Da in diesen Fällen das Produkt selbst ungehindert auf dem jeweiligen nationalen Markt Zugang findet und lediglich bestimmte Ausgestaltungen des nationalen Marktes hinzunehmen sind, geht der EuGH zu Recht davon aus, dass solche Bestimmungen nicht unter den Tatbestand des Art. 34 AEU fallen, der allein den störungsfreien Zugang zum Markt, nicht jedoch völlige Marktgleichheit erzielen will.[56]

Bei dem hier vorliegenden Werbeverbot könnte es sich um eine solche Verkaufsmodalität handeln. Tatsächlich regelt das Werbeverbot nicht etwa die Aufmachung oder die Zusammensetzung des Produktes selbst und hindert formal betrachtet auch nicht den Zugang ausländischer Produkte zum nationalen Markt. Diese können dort ja ungehindert verkauft werden. Lediglich die Werbung für diese Produkte wird – für alle Marktteilnehmer – untersagt. **Es handelt sich hier also tatsächlich um eine Verkaufsmodalität.** Allerdings reicht diese Feststellung allein nicht aus, um einen Eingriff in Art. 34 AEU auszuschließen.

Erforderlich ist weiterhin, dass das Werbeverbot nichtdiskriminierend ausgestaltet ist und sich auch tatsächlich auf

---

[55] EuGH verb. Rs. C-267/91 und 268/91, Slg. 1993, I-6097.
[56] Siehe *Thiele*, Europarecht, § 12 sowie *Cremer*, Jura 2015, 39 (49 ff.).

ausländische wie inländische Produkte gleichermaßen auswirkt.

> **Hinweis**: Machen Sie sich diese Prüfung klar. Die alleinige Feststellung des Vorliegens einer Verkaufsmodalität genügt nicht für die Verneinung eines Eingriffes in die Warenverkehrsfreiheit.

Eine diskriminierende Ausgestaltung liegt hier nicht vor, denn das Verbot gilt sowohl für inländische als auch für ausländische Produkte. Fraglich ist indes, ob sich die Regelung auch auf inländische und ausländische Unter-nehmer in gleicher Weise auswirkt. Hier ist zu berücksichtigen, dass das Werbeverbot den Herstellern quasi jede Form von direkt an den Verbraucher gerichteter Werbung untersagt. Da gerade bei Genussmitteln wie dem Alkohol die herkömmlichen gesellschaftlichen Gebräuche bei der Auswahl der Getränke eine entscheidende Rolle zukommt,[57] sind von dem totalen Werbeverbot **ausländische Hersteller in besonderer Weise betroffen**, wenn sie auf dem schwedischen Markt Fuß fassen wollen. Inländische bekannte Hersteller hingegen sind durch das vollständige Werbeverbot weniger betroffen, da sie bereits bei den einzelnen Konsumenten bekannt sind. Das Werbeverbot bewirkt dadurch in gewisser Wiese eine **Abschottung des nationalen Marktes** und macht es ausländischen Herstellern fast unmöglich mit neuen Produkten auf den Markt zu stoßen.

Angesichts dieser Wirkungen fällt das Werbeverbot daher nicht aus dem Anwendungsbereich des Art. 34 AEU heraus – obwohl es sich um eine Verkaufsmodalität handelt.

> **Hinweis**: Mittlerweile wendet der EuGH bei der Prüfung des Eingriffs zunehmend einen sog. Drei-Stufen-Test an, der letztlich für alle Grundfreiheiten herangezogen werden kann. Ausgehend von der Dassonville-Formel prüft der EuGH danach zunächst, ob eine Diskriminierung vorliegt (**1. Stufe**). Sofern dies nicht der Fall ist, untersucht er, ob rechtmäßig hergestellte und verkehrsfähige Waren aus andern Mitgliedstaaten zusätzlichen Regelungen unterliegen, selbst wenn diese unterschiedslos für alle Waren gelten (**2. Stufe**, Grundsatz der gegenseitigen Anerkennung). Sollte auch dies nicht der Fall sein, prüft er zuletzt, ob die nationale Maßnahme den

---

[57] *Epiney*, in: Ehlers, Europäische Grundrechte und Grundfreiheiten, § 8 Rn 46.

Marktzugang in sonstiger Weise erschwert (**3. Stufe**). In Klausuren kann aber gerade bei der Warenverkehrsfreiheit wohl auch noch auf die Keck-Formel abgestellt werden. Im hier vorliegenden Fall würde die dritte Stufe zu einem Eingriff führen, da der Marktzugang aufgrund des Werbeverbots für ausländische Produkte in sonstiger Weise erschwert wird.

c) Zwischenergebnis

Es liegt damit ein **Eingriff** in die Warenverkehrsfreiheit **vor**.

3. Rechtfertigung

Der Eingriff könnte jedoch **gerechtfertigt** sein. Im Rahmen des Art. 34 AEU sind dabei sowohl geschriebene als auch – wie mittlerweile bei allen Grundfreiheiten – ungeschriebene Rechtfertigungsgründe zu unterscheiden.

a) Geschriebene Rechtfertigungsgründe

Die geschriebenen Rechtfertigungsgründe für die Warenverkehrsfreiheit finden sich **in Art. 36 AEU**. Art. 36 AEU gestattet Eingriffe in die Warenverkehrsfreiheit unter anderem zum **Schutze der Gesundheit des Lebens von Menschen Tieren oder Pflanzen**. Nach der Rechtsprechung des EuGH müssen die jeweiligen mitgliedstaatlichen Regelungen den Schutz der genannten Rechtsgüter als solchen zum Gegenstand haben;[58] erfasst werden also nur **unmittelbar auf den Schutz der Gesundheit etc. abzielende Regelungen**.[59] Mittelbar die Gesundheit etc. schützende Regelungen (etwa Umweltschutz, Verbraucherschutz) können hingegen allein als „zwingende Erfordernisse" im Bereich der ungeschriebenen Rechtfertigungsgründe angebracht werden. Hier geht es der schwedischen Regierung nach den Angaben im Sachverhalt unmittelbar um den Bereich des Gesundheitsschutzes. Das Verbot soll zum Kampfe gegen den Alkoholismus beitragen. Grds. kommt demnach eine Rechtfertigung nach Art. 36 AEU in Betracht.

---

[58] EuGH Rs. C-169/89, Slg. 1990, I-2143 Rn 3 f.
[59] *Kingreen*, in: Calliess/Ruffert, Art. 34-36 AEUV Rn 200.

Allerdings gilt für alle Rechtfertigungsgründe der Grundsatz der Verhältnismäßigkeit. Dazu müsste das Verbot zunächst **geeignet** sein, den Gesundheitsschutz zu fördern. Es erscheint jedenfalls nicht ausgeschlossen, dass vor allem Jugendliche durch das Werbeverbot weniger mit dem Thema Alkohol konfrontiert werden und dadurch auch weniger Alkohol konsumieren.

Das Verbot müsste zudem auch **erforderlich** sein. Ein gleich wirksames aber weniger eingriffsintensives Mittel ist an dieser Stelle jedoch nicht ersichtlich. Ein Werbeverbot etwa allein in für Kinder und Jugendliche interessanter Presse, wäre weniger wirksam, da zum einen Kinder und Jugendliche auch andere Zeitschriften (etwa Autozeitschriften etc.) lesen und zum anderen auch Erwachsene durch ein vollständiges Werbeverbot zumindest teilweise vom Alkoholkonsum abgehalten werden. Angesichts der hohen Bedeutung des Gesundheitsschutzes erscheint das Werbeverbot letztlich auch als **angemessen**.

Hinweis: An dieser Stelle kann man durchaus anderer Ansicht sein. Der EuGH selbst hatte in den Vorabentscheidungsverfahren die Frage der Verhältnismäßigkeit offengelassen und in die Hand des vorlegenden Gerichts gelegt, das die relevanten tatsächlichen Umstände besser ermitteln könne.

---

b) Ungeschriebene Rechtfertigungsgründe

Weitere ungeschriebene Rechtfertigungsgründe sind nicht ersichtlich.

c) Ergebnis

Das Werbeverbot **ist** aus Gründen des Gesundheitsschutzes **gerechtfertigt**.

4. Ergebnis

Ein Verstoß gegen die Warenverkehrsfreiheit liegt nicht vor.

II. Sonstige Verstöße

Sonstige Verstöße gegen Unionsrecht sind nicht ersichtlich.

C. Gesamtergebnis

Das Vertragsverletzungsverfahren der Kommission **hat keine Aussicht auf Erfolg.**

Hinweis: An sich wäre nunmehr noch die **Dienstleistungsfreiheit** zu prüfen. Presseunternehmen aus Schweden werden nämlich durch das Gesetz behindert, ausländische Werbepartner für Bier- und Alkoholwerbung zu gewinnen. Allerdings ergibt sich hier letztlich keine andere Beurteilung. Auch diese Beschränkung ist durch den Gesundheitsschutz gerechtfertigt. Im vorliegenden Fall war die Prüfung der Dienstleistungsfreiheit durch den Bearbeitervermerk ausgeschlossen.

48

Fall 4: Abgestandener Wein?

Nach zähen Verhandlungen verabschiedet der Rat gemeinsam mit dem Parlament im ordentlichen Gesetzgebungsverfahren eine Verordnung über die gemeinsame Marktorganisation für Wein. Enthalten sind dabei unter anderem auch Bestimmungen für den Erlass von Regeln für die Bezeichnung und Aufmachung der Erzeugnisse des Weinsektors. Art. 2 dieser Verordnung trifft dabei neben anderen die folgende Regelung:

a) ...

b) der Begriff „crémant" ist den in Frankreich und Luxemburg hergestellten Qualitätsschaumweinen vorbehalten.

Die rechtsfähige Firma *Codorniu* hat ihren Sitz in Spanien und stellt bereits seit etlichen Generationen Qualitätsschaumwein her. Seit dem Jahre 1924 ist sie auch Inhaberin des spanischen Markenzeichens „Gran Cremant de Codorniu". Zwar verwenden auch andere in Spanien niedergelassene Weinerzeuger den Begriff „Gran Cremant", ein eingetragenes Markenzeichen wie die Firma Codorniu besitzen sie jedoch nicht. Zudem ist die Firma Codorniu der bedeutendste Unionserzeuger von Qualitätsschaumweinen.

Die Firma Codorniu will sich mit der Verordnung des Rates nicht zufrieden geben und erwägt eine Klage vor dem EuGH, da sie nunmehr ihr Markenzeichen nicht mehr verwenden könne. Das Vorgehen des Rates verstoße gegen den Grundsatz der Verhältnismäßigkeit und der Gleichheit. Sie macht dabei zudem geltend, dass die angegriffene Vorschrift in Wirklichkeit eine Entscheidung (und keine Verordnung) darstelle, die lediglich formal als Verordnung ergangen sei. Sie habe keine allgemeine Geltung, sondern betreffe einen ganz bestimmten Kreis von Erzeugern, der nicht geändert werden könne. Im Übrigen erleide Codorniu durch die Verhinderung der Verwendung ihres Markenzeichens enorme Umsatzeinbußen von voraussichtlich 38 %.

Dieser massive Schaden individualisiere sie im Vergleich zu anderen Marktteilnehmern zusätzlich.

Der Rat hingegen hält die Klage der Firma Codorniu für unzulässig. Sie werde durch die Verordnung ebenso wie jeder andere Erzeuger betroffen, der sich in der gleichen Lage befinde. Keineswegs stelle die Verordnung daher materiell eine an die Firma Codorniu gerichtete Entscheidung dar.

Sie sind wissenschaftlicher Mitarbeiter am EuGH und werden gebeten, die Zulässigkeit der Klage zu untersuchen. Fertigen Sie ein entsprechendes Gutachten an!

Angelehnt an EuGH Rs. C-309/89, Slg. 1994, I-1853 (Codorniu/Rat).

LÖSUNG FALL 4: ABGESTANDENER WEIN?

Vorüberlegung: Gefragt ist laut dem Bearbeitervermerk allein nach der Zulässigkeit der Klage der Firma Codorniu. Materiell-rechtliche (europarechtliche) Fragen sind hier also nicht zu klären. Wie auch im nationalen Recht müssen Sie jedoch auch im Bereich des Pflichtfachs die Zulässigkeitsvoraussetzungen der wichtigsten europarechtlichen Klagen beherrschen. Dies betrifft zumindest die Nichtigkeitsklage, das Vorabentscheidungsverfahren und das Vertragsverletzungsverfahren. Einen Überblick dazu finden Sie bei *Thiele*, Europarecht, § 10. Ausführlichere Darstellungen finden sich bei *Thiele*, Europäisches Prozessrecht, 2. Auflage 2014, bei *Rengeling/Middeke/Gellermann*, Handbuch des Rechtsschutzes in der Europäischen Union, 3. Auflage 2014, *Pechstein*, EU-Prozessrecht, 4. Auflage 2011 sowie bei *Schoch/Ehlers*, Rechtsschutz im Öffentlichen Recht, 2009. Im hier vorliegenden Fall der Firma Codorniu haben sich durch den Vertrag von Lissabon einige Änderungen ergeben. Deutlich wird dabei, dass wesentliche Probleme des europäischen Rechtsschutzsystems weiterhin nicht als gelöst angesehen werden können. Siehe dazu nur *Thiele*, Das Rechtsschutzsystem nach dem Vertrag von Lissabon – (K)ein Schritt nach vorn, EuR 2010, 30 ff.

In Betracht kommt eine **Nichtigkeitsklage** privater Kläger gemäß Art. 263 IV AEU. Diese müsste zulässig sein.

A. Beteiligtenfähigkeit

Zunächst müsste die Firma Codorniu **beteiligtenfähig** sein. Beteiligtenfähig sind gemäß Art. 263 IV AEU alle natürlichen und juristischen Personen. Bei der Firma Codorniu könnte es sich um eine **juristische Person** handeln. Der Begriff der juristischen Person ist dabei **unionsrechtlich zu bestimmen**.[60] Er muss also nicht zwangsläufig mit den Begriffen übereinstimmen, die in den verschiedenen Rechtsordnungen der Mitgliedstaaten verwendet werden.[61] Insgesamt ist der EuGH bei der Bestimmung der unter Art. 263 IV AEU fallenden Zusammenschlüsse äußerst großzügig.[62] Erfasst sind danach in jedem Falle alle in den einzelnen Mitgliedstaaten mit Rechtsfähigkeit ausgestatteten juristischen Personen des Privatrechts sowie sonstige **rechtsfähige Perso-**

---

[60] Zu diesem für alle Vertragsbestimmungen geltenden Grundsatz auch *Pieper*, Fälle und Lösungen zum Europarecht, S. 21 ff.

[61] EuGH, Rs. 135/81, Slg. 1982, 3799 Rn 10.

[62] Siehe nur *Dervisopoulos*, in: Rengeling/Middeke/Gellermann, § 7 Rn 19.

nengesellschaften. Die Firma Codorniu ist laut Sachverhalt rechtsfähig. Sie stellt damit eine juristische Person iSd. Art. 263 IV AEU dar und ist folglich beteiligtenfähig.

> **Hinweis**: Auch öffentlich-rechtliche Körperschaften sind juristische Personen iSd Art. 263 IV AEU. Damit sind in Deutschland also auch die einzelnen Bundesländer von dieser Norm erfasst. Sie sind damit nach der (zutreffenden) Rechtsprechung des EuGH nicht als privilegierte Kläger iSd Art. 263 II AEU anzusehen und müssen folglich für eine Klage stets eine unmittelbare und individuelle Betroffenheit nachweisen.

B. Klagegegenstand

Die Firma Codorniu müsste sich auch gegen einen **zulässigen Klagegegenstand** richten. In diesem Bereich ist es durch den Vertrag von Lissabon zu wesentlichen **Änderungen** gekommen. Bisher war es so, dass private Kläger nach dem Wortlaut des bisherigen Art. 230 IV EG nur gegen Entscheidungen, sowie sog. Scheinverordnungen vorgehen konnten. Inwieweit darüber hinaus auch „normale" Verordnungen oder sogar Richtlinien angreifbar sein sollten, war sowohl in der Rechtsprechung als auch in der Literatur überaus umstritten.[63] In der Praxis bestand somit für den einzelnen Kläger ein hohes Maß an Rechtsunsicherheit.

Nach der **Neuregelung** durch den Vertrag von Lissabon können private Kläger nunmehr gegen alle „an sie gerichteten oder sie unmittelbar und individuell betreffenden Handlungen" Klage erheben. Der neue Art. 263 IV AEU stellt damit nicht mehr auf den speziellen Rechtsakt der Entscheidung, sondern auf den allgemeineren Begriff der „Handlung" ab, der sich bereits in Art. 263 I AEU findet. Dieser Begriff umfasst zunächst **alle klassischen Handlungsformen der Union**, die in Art. 288 AEU aufgelistet sind, also Verordnungen, Richtlinien und Beschlüsse. Ausgenommen sind lediglich die unverbindlichen Empfehlungen und Stellungnahmen.

---

[63] Siehe dazu nur *Thiele*, Europäisches Prozessrecht, § 7 Rn. 27 ff.

52

Darüber hinaus umfasst der Begriff der Handlung aber generell alle Maßnahmen der Unionsorgane, die Rechtswirkungen nach außen erzeugen und somit auch atypische Handlungsformen.

Vorliegend wendet sich die Firma Codorniu gegen eine Verordnung und damit gegen eine der in Art. 288 AEU aufgelisteten Handlungsformen der Union. Sie wendet sich damit gegen einen **tauglichen Klagegegenstand**.

> **Hinweis**: Dieser Streitpunkt ist durch den Vertrag von Lissabon damit gelöst worden. Allerdings gilt es zu beachten, dass diese ausdrückliche Erweiterung der Klagegegenstände nicht automatisch zu einer Ausweitung der Klagemöglichkeiten privater Kläger führt. Denn weiterhin ist es ja grds. erforderlich, dass der Kläger durch den angegriffenen Rechtsakt unmittelbar und individuell betroffen ist (zur der Ausnahme bei Rechtsakten mit Verordnungscharakter siehe sogleich). Bereits bisher ging die Rechtsprechung jedoch davon aus, dass eine Anfechtungsmöglichkeit von Verordnungen und sogar Richtlinien ausnahmsweise dann besteht, wenn eine solche Betroffenheit vorliegen sollte. Faktisch hat sich an den Voraussetzungen also nichts geändert. Eine Ausweitung wäre damit nur dann gegeben, wenn der Gerichtshof nunmehr auch ein weiteres Verständnis der individuellen Betroffenheit annehmen sollte. Das hat dieser indes bisher abgelehnt. Siehe dazu auch *Thiele*, EuR 2010, 30 (40 ff.).

C. Klageberechtigung[64]

Als nächstes müsste die Firma Codorniu auch als klageberechtigt anzusehen sein.

> **Hinweis**: Nicht-privilegierte Kläger müssen anders als die privilegierten Kläger nach Art. 263 II AEU stets eine solche Klageberechtigung nachweisen. Die Privilegierung bezieht sich mit anderen Worten gerade auf das Erfordernis der Klageberechtigung.

Nach Art. 263 IV AEU müssen private Kläger durch den Klagegegenstand grds. **unmittelbar und auch individuell betroffen** sein. Die Klageberechtigung setzt sich folglich aus **drei Elementen** zusammen: Der Kläger muss zunächst be-

---

[64] Verwandt wird hier der Begriff der Klageberechtigung, um so Verwechslungen zur deutschen Klagebefugnis zu vermeiden. In einer Klausur kann aber durchaus der Begriff Klagebefugnis verwandt werden, wie dies in der Literatur auch regelmäßig der Fall ist.

troffen sein (I.). Anschließend muss sich diese Betroffenheit als unmittelbar (II.) und – sofern kein Rechtsakt mit Verordnungscharakter vorliegt, der keine Durchführungsmaßnahmen nach sich zieht – auch als individuell (III.) erweisen.

I. Betroffenheit

Zunächst müsste die Firma Codorniu überhaupt betroffen sein. Ziel dieses (weit gefassten) Erfordernisses ist es, allein diejenigen Personen von einer Klage auszuschließen, für die der **Rechtsakt in jeder Hinsicht neutral** ist.[65] Ausreichend für eine Betroffenheit ist damit jedes tatsächliche Interesse (rechtlicher, wirtschaftlicher oder ideeller Art) an der Aufhebung des Rechtsakts. In diesem Fall fürchtet die Firma Codorniu durch die Verordnung einen Umsatzrückgang von bis zu 38 %. Damit liegt hier das erforderliche (wirtschaftliche) Aufhebungsinteresse vor. Aus der möglichen Beeinträchtigung ihres Markenrechts wird man zudem ein rechtliches Interesse annehmen können. Eine Betroffenheit liegt somit vor.

II. Unmittelbare Betroffenheit

Die Betroffenheit der Firma Codorniu müsste auch als unmittelbar einzustufen sein. Eine solche Unmittelbarkeit ist jedenfalls immer dann gegeben, wenn der unionale Rechtsakt keinerlei nationaler Umsetzung mehr bedarf um seine Rechtswirkungen gegenüber dem Betroffenen zu entfalten (**sog. formelle Unmittelbarkeit**). Da in diesen Fällen also die nationalen Behörden in keiner Weise beteiligt sind, kann allein die Unionsebene den erforderlichen Rechtsschutz gewährleisten.

In diesem Fall ergibt sich direkt aus der Regelung, dass die Firma Codorniu den Begriff „Cremant" nicht mehr verwenden darf. Eine nationale Umsetzung ist dafür nicht mehr erforderlich. Die Firma Codorniu ist damit also auch als unmittelbar betroffen anzusehen.

---

[65] *Burchard*, EuR 1991, 146 f.; *Thiele,* Europäisches Prozessrecht, § 7 Rn 39 f.

54

> **Hinweis**: Auch dann, wenn ein Umsetzungsakt erforderlich ist, ist eine
> unmittelbare Betroffenheit nicht ausgeschlossen. Vielmehr anerkennt der
> EuGH eine Unmittelbarkeit auch dann, wenn den nationalen Behörden
> keinerlei Umsetzungsspielraum mehr verbleibt.[66] Zudem nimmt jedenfalls
> der EuGH eine Unmittelbarkeit auch an, wenn das weitere Vorgehen des
> jeweiligen Mitgliedstaats bereits mit Sicherheit vorhergesagt werden kann.
> In all diesen Fällen spricht man von **materieller Unmittelbarkeit**.
>
> Eine solche ist im Übrigen entgegen der Ansicht des EuG[67] **auch bei
> einer Richtlinie als Klagegegenstand denkbar**. Auch hier ist allein ent-
> scheidend, inwieweit den Mitgliedstaaten bei der Umsetzung ein Er-
> messensspielraum zukommt oder nicht. Dass Richtlinien vor der natio-
> nalen Umsetzung keine verpflichtende Wirkung entfalten können, hat da-
> mit nichts zu tun.

III. Individuelle Betroffenheit

1. Sonderregelung nach Lissabon

Grds. muss der private Kläger auch eine sog. individuelle
Betroffenheit nachweisen können. Etwas anderes gilt nach
der Neuregelung durch den Vertrag von Lissabon jedoch
dann, wenn sich der Kläger gegen einen Rechtsakt mit Verordnungscharakter wendet, der keine Durchführungsmaßnahmen nach sich zieht.

> **Hinweis**: Diese Ausnahme wurde von den Mitgliedstaaten aufgrund der
> sehr restriktiven Rechtsprechung des EuGH zur individuellen Betroffen-
> heit geschaffen. Die Neuregelung erweist sich indes kaum als zweck-
> mäßige Lösung bestehender Rechtsschutzlücken, sondern führt eher zu
> einer unnötigen weiteren Verkomplizierung des gesamten Systems. Siehe
> *Thiele*, EuR 2010, 30 (43 ff.).

Zu klären ist damit zunächst, ob sich die Firma Codorniu hier
gegen einen solchen Rechtsakt mit Verordnungscharakter
wendet. Den Nachweis einer individuellen Betroffenheit
müsste die Firma dann nicht führen.

Fraglich ist jedoch, **welche Rechtsakte** von dieser Sonderregelung **erfasst werden**. Eine Legaldefinition dieses Be-

---

[66] EuGH verb. Rs. 41-44/70, Slg. 1971, 411.
[67] EuG, verb. Rs. T-172/98 und 175-177/98, Slg. 2000, II-2487.

griffs findet sich im Vertrag nicht (er wird vor allem in Art. 288 AEU nicht erwähnt). Die Sonderregelung fand sich bereits im gescheiterten Verfassungsvertrag. Hier ergab diese Regelung jedoch insofern noch mehr Sinn, als dort erstmals zwischen europäischen (Rahmen-) Gesetzen und Verordnungen differenziert wurde. Diese Unterscheidung ist mit dem Vertrag von Lissabon jedoch wieder entfallen. Es kann jedoch nicht davon ausgegangen werden, dass mangels dieser ausdrücklichen Differenzierung nunmehr alle Verordnungen im Sinne des Art. 288 AEU von dieser Sonderregelung erfasst sein sollen.[68]

Eine solche Anfechtungserweiterung sollte mit dem Rückfall in die Terminologie von Nizza jedoch nicht verbunden werden – eine individuelle Betroffenheit müssten private Kläger dann ja praktisch nur noch im Falle von Richtlinien nachweisen. Tatsächlich wurde die alte Terminologie hingegen praktisch allein wegen der besonderen Staatsnähe des Begriffs „Gesetz" beibehalten. Aufgrund der Entstehungsgeschichte der Norm, die (wie gezeigt) eng mit derjenigen des Verfassungsvertrages verknüpft ist, **wird man als Differenzierungskriterium das jeweilige Erlassverfahren heranziehen müssen**. Denn nach Art. 289 III AEU handelt es sich bei Verordnungen, die in einem Gesetzgebungsverfahren erlassen worden sind, um „Gesetzgebungsakte", was wohl deren Verordnungscharakter ausschließen soll.

Von der Regelung erfasst wären demnach vor allem Durchführungsverordnungen der Kommission, die nach Art. 290 I AEU ausdrücklich keinen „Gesetzescharakter" aufweisen. Dieser Ansicht hat sich nun auch der EuGH angeschlossen.[69] Insofern gibt es nunmehr also Verordnungen *mit* und Verordnungen *ohne* einen Verordnungscharakter – eine aus sprachlicher Sicht nicht sonderlich befriedigende Konsequenz.

---

[68] So aber wohl *Everling*, EuR Beiheft 1/2009, 71 (74).
[69] So jetzt auch der EuGH in Rs. C-583/11 P. Siehe auch *Herrmann*, NVwZ 2011, 1352 ff.; *Cremer*, ZG 2014, 82 ff.

Vorliegend wendet sich die Firma Codorniu gegen eine Verordnung, die im ordentlichen Gesetzgebungsverfahren erlassen wurde. Es handelt sich damit **nicht um einen Rechtsakt mit Verordnungscharakter**, so dass die Sonderregelungen des Art. 263 IV AEU nicht greift. Die Firma Codorniu muss demnach weiterhin eine individuelle Betroffenheit nachweisen.

Hinweis: Umstritten ist zudem, wie der Zusatz „und keine Durchführungsmaßnahmen nach sich zieht" zu verstehen ist. Denn grds. wird diese Frage ja bereits bei der Prüfung der unmittelbaren Betroffenheit geklärt. Wenn der Zusatz gleichwohl nicht überflüssig sein soll, wird man darin eine Beschränkung auf die formelle Unmittelbarkeit sehen müssen. Warum eine solche Differenzierung hier vorgenommen wird, bleibt jedoch unklar. Siehe *Thiele*, EuR 2010, 30 (44 f.).

---

2. Individuelle Betroffenheit

Zur Bestimmung der individuellen Betroffenheit greift der EuGH bisher auf die bereits aus den 60er Jahren stammende sog. *Plaumann*-Formel zurück. Danach ist eine individuelle Betroffenheit nur dann anzunehmen, wenn der Kläger durch den angegriffenen Rechtsakt wegen bestimmter persönlicher Eigenschaften oder besonderer, ihn aus dem Kreis aller übrigen Personen heraushebender Umstände berührt und ihn dadurch in ähnlicher Weise individualisiert wie den Adressaten[70] (einer Entscheidung bzw. heutigen Beschlusses). **Die *Plaumann*-Formel ist insoweit auf einen Vergleich mit anderen Betroffenen angelegt.** Bei diesem Vergleich muss sich herausstellen, dass der Kläger in besonderer Weise aus der Masse der Betroffenen heraussticht, also „individuell" in Erscheinung tritt.

Hinweis: Die Fixierung auf die bisherige Entscheidung (und den heutigen Beschluss) erklärt sich aus der damaligen Fassung des Art. 230 IV EG, der – wie gezeigt – als ausdrücklich anfechtbaren Rechtsakt allein die Entscheidung aufführte. Mittlerweile sind jedoch auch Verordnungen und Richtlinien Handlungen und damit zulässige Klagegegenstände der Nichtigkeitsklage. Damit entfällt an sich auch die Rechtfertigung dafür, die individuelle Betroffenheit so eng an die Entscheidung zu koppeln. Dies böte

---

[70] EuGH Rs. 25/62, Slg. 1963, 211, 238 f.

> dem EuGH damit die Möglichkeit, seine äußerst restriktive Recht-sprechung zur individuellen Betroffenheit zu überdenken. Angesichts der Tatsache, dass die Mitgliedstaaten jedoch den Begriff der individuellen Betroffenheit beibehalten haben und zudem in Art. 19 II EU bestimmt haben, dass die Mitgliedstaaten verpflichtet sind, die erforderlichen Rechts-behelfe zu schaffen, um einen wirksamen Rechtsschutz in der Union zu gewährleisten, ist wohl davon auszugehen, dass eine Änderung der Rechtsprechung vorerst nicht erfolgen wird. Damit bleibt es freilich weiter-hin dabei, dass private Kläger in aller Regel nicht gegen Verordnungen oder Richtlinien vorgehen können. Eine Verbesserung der Klagemöglich-keiten privater Kläger ist durch die Ausweitung der Klagegegenstände praktisch ausgeblieben. Siehe *Thiele*, EuR 2010, 30 (42 f.).

Im vorliegenden Fall wendet sich die Firma Codorniu gegen eine Verordnung. In einem solchen Fall mangelt es regel-mäßig an einer besonderen Betroffenheit des Einzelnen. Aufgrund des abstrakt-generellen Charakters der Verord-nung sind grds. alle Wirtschaftsteilnehmer in gleicher und eben nicht Einzelne in besonderer Weise betroffen. Allein die Tatsache, dass die Firma Codorniu Umsatzrückgänge in Höhe von 38 % befürchtet, reicht für eine Individualisierung dabei nicht aus. Denn dies ändert nichts daran, dass sie zunächst einmal wie alle anderen Weinhersteller, die den Namen „Cremant" verwenden, betroffen wird. Dass die Um-satzrückgänge bei den verschiedenen Herstellern unter-schiedlich sind, liegt in der Natur der Sache und kann mithin keine Individualisierung bewirken.

Denkbar ist eine Individualisierung jedoch auch im Falle von Verordnungen ausnahmsweise dann, wenn durch den Rechtsakt eine **spürbare Beeinträchtigung der kläge-rischen Marktstellung eintritt oder spezifische Kläger-rechte beeinträchtigt werden.**[71]

> **Hinweis**: Insgesamt anerkennt der EuGH wohl neben dieser Fallgruppe noch zwei weitere, die eine Individualisierung bewirken können. Zum ei-nen kann eine Individualisierung vorliegen, wenn der Kläger an dem dem Rechtsakt vorangegangenen Verwaltungsverfahren beteiligt wurde,[72] zum anderen ist eine Individualisierung denkbar, sofern die Unionsorgane

---

[71] EuGH Rs. C-309/89, Slg. 1994, I-1853 Rn 21 f.; Rs. C-10/95 P, Slg. 1995, I-4149 Rn 43.
[72] Siehe etwa EuGH Rs. 26/76, Slg. 1977, 1875; Rs. C-198/91, Slg. 1993, I-2487.

beim Erlass aufgrund bestimmter Unionsnormen verpflichtet waren, die Auswirkungen auf bestimmte (feststellbare) Personenkreise zu berücksichtigen.[73] Insgesamt ist dieser Bereich aber auch heute noch durch **starke Rechtsunsicherheit** gekennzeichnet. Siehe dazu etwa *Kirchhoff*, Individualrechtsschutz im Europäischen Gemeinschaftsrecht, 2005; *Thiele*, Individualrechtsschutz vor dem Europäischen Gerichtshof durch die Nichtigkeitsklage, 2006.

Eine spürbare Beeinträchtigung der Marktstellung der Firma Codorniu lässt sich dem Sachverhalt nicht entnehmen. Allerdings besteht hier insoweit die Besonderheit, dass die Firma Codorniu bereits seit 1924 ein **eingetragenes Markenrecht** besitzt, das ihr die Verwendung des Begriffs „Cremant" gestattet. Durch die streitige Vorschrift wird die Klägerin insoweit an der Nutzung ihres Markenrechts gehindert, dass die Regelung das Recht zur Verwendung des Begriffs „Cremant" den französischen und luxemburgischen Erzeugern vorbehält. Es liegt hier also möglicherweise eine Beeinträchtigung spezifischer Klägerrechte durch die angegriffene Verordnungsbestimmung vor.

Diese besondere Situation führt somit zu der Konsequenz, dass sich die Firma Codorniu jedenfalls im Hinblick auf die hier streitige Vorschrift aus dem Kreis aller übrigen Wirtschaftsteilnehmer heraushebt. Entgegen der Ansicht des Rates ist die Firma Codorniu daher ausnahmsweise auch als durch die Verordnung individuell betroffen anzusehen.

Hinweis. In diesem Fall liegt ausnahmsweise eine individuelle Betroffenheit vor, obwohl es sich um eine Verordnung handelt. Regelmäßig muss jedoch nach der Rechtsprechung des EuGH eine individuelle Betroffenheit in diesen Fällen ausscheiden. Alle Wirtschaftsteilnehmer werden durch eine Verordnung eben in gleicher Weise betroffen.

Angesichts dieser Tatsache wird die *Plaumann*-Formel seit jeher kritisiert. Problematisch ist insbesondere, dass die Intensität des bewirkten Eingriffs in klägerische Rechte grds. keine Rolle spielt. Allein entscheidend ist ja der Vergleich mit anderen Betroffenen unabhängig von der Frage, wie stark die jeweilige Beeinträchtigung selbst ist. Unlängst wurde diese **Kritik daher auch vom Generalanwalt *Jacobs*[74] und anschließend auch vom EuG aufgenommen.** Sie legten ausführlich dar, dass die gegen-

---

[73] EuGH Rs. 11/82, Slg. 1985, 207 Rn 31; Rs. C-152/88, Slg. 1990, I-2477 Rn 11.
[74] Schlussantrag des GA *Jacobs* in der Rs. C-50/00 P, Slg. 2002, I-6677 Rn 23.

wärtige Auslegung der individuellen Betroffenheit mit dem Grundsatz des effektiven Rechtsschutzes nicht mehr vereinbar sei. Insbesondere in den Fällen, in denen Verordnungen keinerlei Umsetzung durch die Mitgliedstaaten bedürften, bestünde für den Einzelnen aufgrund dieser Rechtsprechung unter Umständen keinerlei Rechtsschutzmöglichkeit.

Sowohl *Jacobs* als auch das EuG[75] formulierten daher den Begriff der individuellen Betroffenheit neu und berücksichtigten dabei primär die Frage der Eingriffsintensität beim einzelnen Betroffenen. Auf einen Vergleich mit anderen Betroffenen (nach dem Motto: „Geteiltes Leid, ist halbes Leid") sollte es ausdrücklich nicht mehr ankommen. Der EuGH blieb von dieser doppelten intraorganschafltichen Kritik jedoch gänzlich unbeeindruckt. **Er hielt in seiner Entscheidung in der RS *UPA*[76] explizit an der alten *Plaumann*-Formel fest** und begründete dies insbesondere mit den Grenzen seiner richterlichen Rechtsfortbildungskompetenz. Eine solche Änderung sei vielmehr den Mitgliedstaaten als den „Herren der Verträge" vorbehalten. In der Literatur ist in der Folge eine große Kontroverse ausgebrochen, wem denn nun zu folgen sei: dem EuG und dem Generalanwalt oder dem EuGH.[77] Dieser Streit sollte – gerade für eine mündliche Prüfung – bekannt sein. Die soeben in der Fußnote genannten Aufsätze sollten daher einmal nachgelesen werden.

Wie gezeigt hat sich dieser Streit durch den Vertrag von Lissabon nicht erledigt. Allerdings hat sich durch die Erweiterung der Klagegegenstände eine Änderung der Situation ergeben. Der EuGH lehnt eine Neubestimmung der Plaumann-Formel aber weiterhin ab.

IV. Zwischenergebnis

Die Firma Codorniu ist unmittelbar und auch individuell betroffen und damit klageberechtigt.

D. Klagegrund

Die Firma Codorniu müsste zumindest einen der in Art. 263 II AEU genannten Klagegründe geltend machen. Mögliche Klagegründe sind danach die Unzuständigkeit, die Verletzung wesentlicher Formvorschriften, die Verletzung des

---

[75] EuG Rs. T-177/01, Slg. 2002, II-2365 Rn 51.
[76] EuGH Rs. C-50/00 P, Slg. 2002, I-6677.
[77] Siehe dazu *Braun/Kettner*, DÖV 2003, 58; *Calliess*, NJW 2002, 3577; *Götz*, DVBl. 2002, 1348; *Köngeter*, NJW 2002, 2216; *Mayer*, DVBl. 2004, 606; *Röhl*, Jura 2003, 830; *Mayer*, DVBl. 2004, 606; *Borowski*, EuR 2004, 879; *Schröder*, DÖV 2009, 61; *Thiele*, EuR 2010, 30. Ausführlich *Thiele*, Individualrechtsschutz vor dem Europäischen Gerichtshof durch die Nichtigkeitsklage, 2006.

Vertrages sowie Ermessensmissbrauch. **Dabei stellt der Klagegrund „Verletzung des Vertrages" letztlich einen Auffangtatbestand dar**, mit dem die Verletzung sämtlichen höherrangigen Unionsrechts gerügt werden kann.[78] Im vorliegenden Fall rügt die Firma Codorniu insbesondere einen Verstoß gegen den Grundsatz der Verhältnismäßigkeit und der Gleichheit. Bei diesen Grundsätzen handelt es sich um Grundsätze des unionalen Primärrechts, die letztlich im europäischen Rechtsstaatsprinzip ihre Wurzeln haben. Die Firma Codorniu stützt ihre Klage folglich auch auf einen zulässigen Klagegrund.

E. Klagefrist

Die Klagefrist beträgt gemäß Art. 263 VI AEU **zwei Monate** ab Bekanntgabe des jeweiligen Rechtsakts. Mangels anderer Angaben im Sachverhalt ist an dieser Stelle davon auszugehen, dass die Firma Codorniu diese Frist eingehalten hat.

F. Ergebnis

Eine Klage der Firma Codorniu gegen die genannte Verordnungsbestimmung **ist zulässig**.

---

[78] *Thiele*, Europäisches Prozessrecht, § 6 Rn 40.

FALL 5: WOHIN MIT DEM STROM?

Da das Öl immer knapper und dadurch teurer wird, wird in Deutschland bereits seit längerer Zeit über Fördermaßnahmen für sog. „erneuerbare Energien" wie Wind- und Wasserkraft nachgedacht. Um Investitionen in neue Windkraftanlagen attraktiver zu machen, wird dabei auch das folgende „Stromeinspeisungsgesetz" beschlossen:

§ 1

Elektrizitätsversorgungsunternehmen sind verpflichtet, den in ihrem nationalen Versorgungsgebiet erzeugten Strom aus erneuerbaren Energien abzunehmen und gemäß § 3 zu bezahlen.

Die in § 3 des Gesetzes vorgesehene Vergütung liegt erheblich über dem Marktpreis für sonstigen Strom. Eine staatliche Rückvergütung des Differenzbetrages zwischen Marktpreis und tatsächlich gezahltem Preis an die Energieversorgungsunternehmen ist in dem Gesetz nicht vorgesehen.

Nachdem das Gesetz bereits in Kraft getreten ist, kommen jedoch europarechtliche Bedenken auf. Der zuständige Staatssekretär im Wirtschaftsministerium hat vor allem Zweifel, ob die durch das Gesetz vorgesehene Abnahmeverpflichtung mit dem grds. Beihilfeverbot des Art. 107 I AEU vereinbar ist. Immerhin seien viele der Versorgungsunternehmen in staatlicher Hand. Darüber hinaus ist er sich nicht sicher, ob nicht auch die Warenverkehrsfreiheit einer solchen Regelung entgegensteht.

Da der Staatssekretär selbst zeitlich verhindert ist, bittet er Sie als seine „rechte Hand" diesen europarechtlichen Fragen nachzugehen.

Erstellen Sie das verlangte Gutachten!

Angelehnt an EuGH Rs. C-379/98 (Preussen Elektra).
Siehe jetzt auch EuGH, Rs. C-573/12 (Alands)

LÖSUNG FALL 5: WOHIN MIT DEM STROM?

Vorüberlegung: Gefragt ist lediglich nach einem Gutachten über die Vereinbarkeit des Gesetzes mit Europarecht. Es geht im Folgenden damit allein um materielle Fragen. Prozessuale Probleme spielen hier folglich keine Rolle. Thematisch sind die beiden Bereiche bereits im Sachverhalt angedeutet: Beihilfenverbot und Grundfreiheiten. Eine Auseinandersetzung mit weiteren Fragen ist nicht erforderlich.

Fraglich ist die Vereinbarkeit der Regelungen des Stromeinspeisungsgesetzes mit europarechtlichen Vorgaben. In Betracht kommt dabei ein Verstoß gegen das europarechtliche **Beihilfenrecht** nach Art. 107 I AEU (A) sowie eine Verletzung europäischer **Grundfreiheiten** (B).

A. Beihilfenrecht nach Art. 107 I AEU

Möglicherweise stellt die in § 1 Stromeinspeisungsgesetz vorgesehene Abnahmeverpflichtung über dem tatsächlichen Marktpreis eine **unerlaubte Beihilfe nach Art. 107 I AEU** dar. Voraussetzung ist zunächst, dass es sich tatsächlich um eine Beihilfe handelt.

I. Beihilfeneigenschaft

Nach überwiegender Ansicht ist der Begriff der Beihilfe in Art. 107 I AEU **weit auszulegen**.[79] Danach umfasst dieser Begriff alle **geldwerten Vorteile** (1), die einem Unternehmen aus **staatlichen Mitteln** zukommen (2), **ohne** dass diesen eine **marktmäßig** angemessene **Gegenleistung** des Unternehmens gegenübersteht (1).[80]

1. Geldwerter Vorteil ohne marktmäßige Gegenleistung

Die Abnahmeverpflichtung müsste zunächst einen **geldwerten Vorteil** für die Erzeugerunternehmen darstellen. Durch die Abnahmeverpflichtung erhalten die Erzeugerunternehmen eine gesetzlich garantierte Vergütung für ihren erzeugten Strom. **In einer solchen Vergütung ist ein geld-**

---

[79] *Cremer*, in: Calliess/Ruffert, Art. 107 AEUV Rn 10.
[80] Vgl. *Enchelmaier*, Europäisches Wirtschaftsrecht Rn 242 ff.

werter Vorteil zu sehen. Dieser geldwerte Vorteil müsste allerdings auch als **marktwidrig** anzusehen sein. Nicht jede Zahlung an ein Unternehmen stellt sich mit anderen Worten als eine Beihilfe dar. Verhindert werden soll durch das Verbot des Art. 107 I AEU allein wettbewerbswidriges Verhalten des Staates, nicht jedoch jede Form der (marktgemäßen) Beteiligung des Staates an Tauschgeschäften auf dem Markt.[81] Solange also eine marktübliche Gegenleistung des Empfängerunternehmens vorliegt, handelt es sich nicht um eine Beihilfe. In diesem Fall speisen die Erzeugerunternehmen als Gegenleistung für die erhaltene Vergütung ihren Strom in das Netz des Versorgungsunternehmens ein. Fraglich ist, ob diese Gegenleistung als marktüblich angesehen werden kann. Um dies zu klären wendet die Kommission den sogenannten „**Private-Investor-Test**" an. Entscheidend ist danach, ob der geldwerte Vorteil auch in diese Höhe von einem normalen Wirtschaftsteilnehmer gezahlt worden wäre. Erforderlich ist also ein Vergleich mit dem hypothetischen Handeln eines privaten Marktteilnehmers.[82]

Hier liegt die gesetzlich vorgeschriebene Vergütung laut Sachverhalt über dem gewöhnlichen Marktpreis für Strom. Ein privater Wirtschaftsteilnehmer würde jedoch grds. nicht mehr als den Marktpreis für ein Produkt zahlen, wenn er es vermeiden kann. Demnach stellt die Einspeisung keine marktübliche Gegenleistung dar. Jedenfalls der über den Marktpreis hinausgehende Betrag stellt damit **einen marktwidrigen geldwerten Vorteil** dar.

2. Aus staatlichen Mitteln

Nach Art. 107 I AEU muss der marktwidrige geldwerte Vorteil aus **staatlichen Mitteln** stammen. Erforderlich ist also grds. eine durch den Vorteil bewirkte Belastung öffentlicher Haushalte.[83] Im vorliegenden Fall wird der erhöhte Marktpreis jedoch von den Energieversorgungsunternehmen ge-

---

[81]   *Kassow*, Die Beihilfe im Sinne des Art. 87 I EG, S. 58.
[82]   *Cremer*, in: Streinz, Art. 107 AEU Rn 11.
[83]   *Thiele*, Europarecht, § 18.

64

zahlt. Zu einer Erstattung von Seiten des Staates kommt es laut Sachverhalt nicht. Zu beachten ist indes, dass die Energieversorgungsunternehmen gesetzlich zur Zahlung des erhöhten Preises verpflichtet sind. Damit ist der Staat (als Gesetzgeber) letztlich jedenfalls als der „**Verursacher**" des geldwerten Vorteils anzusehen. Fraglich ist insoweit, ob eine solche Verursachung für die Annahme einer Beihilfe ausreicht. Dabei gilt es zu berücksichtigen, dass das Beihilfenverbot des Art. 107 I AEU **kein allgemeines Instrument zur Kontrolle des gesamten nationalen Wirtschaftsrechts** darstellt.

Eine solch extensive Auslegung, die die bloße staatliche Verursachung ausreichen lässt, hätte aber zur Folge, dass letztlich jede staatliche Regelung, die zu finanziellen Verschiebungen in Privatverhältnissen führt, am Beihilfenverbot zu messen wäre. Das überzeugt nicht. Die Bereiche, in denen der Staat lediglich allgemeine Belastungen hoheitlich anordnet, sind somit nicht vom Begriff der Beihilfe erfasst. Erforderlich ist vielmehr stets, dass der **Staat** über die geldwerten **Vorteile in einer einem privaten Eigentümer vergleichbaren** Weise verfügen kann.[84] Macht der Staat hingegen von seinen Hoheitsrechten Gebrauch, um so eine Verschiebung privater Mittel zu ermöglichen, ist diese Vergleichbarkeit nicht gegeben. Entscheidend ist damit für den Beihilfenbegriff, dass die Maßnahme ausschließlich zu Lasten staatlicher Mittel geht – belastet sie auch Private, ist sie Ausdruck der allgemeinen Hoheitsmacht des Staates und damit nicht als Beihilfe anzusehen.[85]

Aus diesen Überlegungen ergibt sich zugleich, dass auch die Tatsache, dass einige Energieversorgungsunternehmen in staatlicher Hand sind, die Beihilfeneigenschaft nicht zu begründen vermag. Zwar lässt sich in diesen Fällen durchaus von einem staatlichen Mitteleinsatz sprechen. Dies ändert jedoch nichts daran, dass die Regelung insgesamt nicht ausschließlich zu einer staatlichen Belastung führt. Es han-

---

[84] Vgl. *Kassow*, Die Beihilfe im Sinne des Art. 87 I EG, S. 200.
[85] *Kassow*, aaO, S. 200 f.

delt sich vielmehr um eine **allgemeingültige Maßnahme**, die für alle Energieversorgungsunternehmen – ob staatlich oder privat organisiert – gilt.[86] Eine andere Bewertung müsste sich nur dann ergeben, wenn der Staat Regelungen trifft, bei denen von vornherein feststeht, dass nur er die finanzielle Belastung tragen wird. Ein Beispiel wäre etwa die gesetzliche Festlegung von Mindestpreisen für Panzer, da faktisch von vornherein feststeht, dass allein der Staat als Käufer in Betracht kommt.[87] Im Übrigen würde die Qualifikation als Beihilfe bei staatlichen Energieversorgungsunternehmen auch zu dem etwas sonderbaren Ergebnis führen, dass alle Inhaber staatlicher Mittel von solchen allgemein geltenden finanziellen Belastungen ausgenommen werden müssten. **Damit wäre der Gesetzgeber also unionsrechtlich gezwungen, staatliche Unternehmen gegenüber privaten Unternehmen zu privilegieren.** Dieses geradezu absurde Ergebnis erscheint nicht hinnehmbar.

Im Ergebnis ist damit festzuhalten, dass der geldwerte Vorteil nicht aus staatlichen Mitteln stammt.

Hinweis: Hier kann man durchaus auch eine andere Auffassung vertreten, die sich aber mit den genannten Einwänden auseinandersetzen müsste.

II. Ergebnis zu Art. 107 I AEU

Bei der Regelung des § 1 Stromeinspeisungsgesetzes handelt es sich mangels der Verwendung staatlicher Mittel **nicht um eine Beihilfe**. Damit liegt auch kein Verstoß gegen das in Art. 107 I AEU postulierte Beihilfenverbot vor.

B. Verstoß gegen die Warenverkehrsfreiheit

In Betracht kommt jedoch ein Verstoß gegen die Warenverkehrsfreiheit gemäß Art. 34 AEU.

---

[86] Vgl. *Pünder*, Jura 2001, 591 (593).
[87] So das Beispiel von *Kassow*, Die Beihilfe im Sinne des Art. 87 I EG, S. 201.

> **Hinweis**: Für die Prüfung der Grundfreiheiten können Sie in wesentlichen Punkten auf den dreistufigen Aufbau der Grundrechtsprüfung zurückgreifen: Schutzbereich, Eingriff, Rechtfertigung. Näher dazu *Thiele*, Die Grundfreiheiten in der öffentlich-rechtlichen Arbeit, JA 2005, 621 sowie *Thiele*, Europarecht, § 12.

I. Schutzbereich der Warenverkehrsfreiheit

Der Schutzbereich der Warenverkehrsfreiheit müsste eröffnet sein. Dies setzt voraus, dass es sich bei elektrischem Strom um **Waren** handelt (1). Zudem müsste ein **grenzüberschreitendes Element** vorliegen (2).

1. Wareneigenschaft

Beim elektrischen Strom müsste es sich zunächst um Waren i.S.d. Art. 34 I AEU handeln. Eine Definition dieses Begriffes sucht man indes im EG-Vertrag vergeblich. Der EuGH versteht darunter jedenfalls **alle körperlichen Gegenstände, die einen Geldwert haben und daher Gegenstand von Handelsgeschäften sein können**.[88] Im vorliegenden Fall geht es hingegen um Elektrizität. An sich fehlt dieser die vorausgesetzte Körperlichkeit; andererseits wird Strom letztlich wie eine normale Ware gegen Entgelt gehandelt und auch im gemeinsamen Zolltarif aufgeführt.[89] Im Ergebnis ist die Stromlieferung daher mit der Versendung körperlicher Gegenstände vergleichbar. Da Elektrizität auch ein geldwertes und handelsfähiges Gut darstellt, welches zum Verbrauch bestimmt ist, ist sie daher **als Ware anzusehen**.[90]

> **Hinweis**: Hier ist (gerade aus physikalischer Sicht) auch eine andere Auffassung vertretbar. Sollte man die Wareneigenschaft ablehnen, würde **subsidiär die Dienstleistungsfreiheit** eingreifen. Angesichts der mitt-

---

[88] Vgl. *Thiele*, Europarecht, S. 202 f. Kritisch zum zweiten Teil der Definition hingegen *Frenz*, Handbuch Europarecht Bd. 1 Rn 690.

[89] *Frenz*, Handbuch Europarecht, Bd. 1 Rn 668.

[90] Vgl. EuGH Rs. C-393/92, Slg. 1994, I-1477 sowie bereits frühzeitig Rs. 6/64, Slg. 1964, 1251.

lerweile anerkannten weitgehenden Kongruenz der einzelnen Grundfreiheiten,[91] bleibt die Einordnung letztlich ohne weitere Konsequenzen.

2. Grenzüberschreitendes Element

Die Anwendbarkeit der Grundfreiheiten setzt stets ein sog.
grenzüberschreitendes Element voraus. Demgegenüber
finden sie keine Anwendung auf rein innerstaatliche Sachverhalte, die keinerlei Berührungen mit dem Unionsrecht
haben.[92] Erforderlich ist also, dass die Waren tatsächlich
zumindest einmal eine mitgliedstaatliche Grenze in relevanter Weise überschritten haben. In vorliegenden Fall handelt es sich um ein Gutachten, ohne dass eine konkrete Fall-
konstellation zu betrachten wäre.

Zu fragen ist daher, ob **Fälle zumindest denkbar sind**, in
denen ein solches grenzüberschreitendes Element vorliegt,
die durch § 1 Stromeinspeisungsgesetz berührt werden. Das
ist hier zu bejahen. Es ist nämlich zunächst denkbar, dass
nationale Energieversorgungsunternehmen Elektrizität aus
anderen Mitgliedstaaten importieren. Durch die Abnahmeverpflichtung des § 1 Stromeinspeisungsgesetz sind sie jedoch zunächst verpflichtet, den inländischen Strom abzunehmen. Sie müssen also bei ihren Importmengen stets die
Menge berücksichtigen, die sie ohnehin zu überhöhten Preisen im Inland abnehmen müssen, wodurch der **grenzüberschreitende Import berührt** wird. Auf der anderen Seite
sind auch Stromerzeuger betroffen, die ihren Strom nach
Deutschland exportieren müssen. Bei ihrer Entscheidung für
einen solchen Export müssen sie berücksichtigen, dass die
Versorgungsunternehmen zunächst verpflichtet sind, den
nationalen Strom aus regenerativen Energien abzunehmen.

Dadurch werden sie in ihren **Exportbemühungen betroffen**. In beiden Konstellationen läge folglich ein grenzüber-

[91] *Kingreen*, Die Struktur der Grundfreiheiten des Europäischen Gemeinschafts-
rechts, 1999. Überblick auch bei *Thiele*, JA 2005, 621.
[92] *Thiele*, Europarecht, S. 194 ff.; *Borchardt*, Die rechtlichen Grundlagen der EU
Rn 686. Zu den Gründen *Frenz*, Handbuch Europarecht Bd. 1 Rn 26 ff.

68

schreitendes Element vor, so dass der Anwendungsbereich der Warenverkehrsfreiheit eröffnet wäre.

> **Hinweis**: In dieser **hypothetischen Weise** müssen Sie grds. auch im Falle eines Vertragsverletzungsverfahrens der Kommission argumentieren. Auch dort geht es regelmäßig nicht um einen konkreten Fall, sondern um die generelle Vereinbarkeit einer nationalen Regelung mit dem Europarecht. Sofern ein Verstoß gegen die Grundfreiheiten in Betracht kommt, müssen Sie also untersuchen, ob die nationale Regelung Einfluss auf grenzüberschreitende Fälle haben kann.

II. Eingriff in den Schutzbereich

In den Schutzbereich der Warenverkehrsfreiheit müsste zudem auch eingegriffen worden sein. Nach der sog. **Dassonville-Formel** ist ein solcher Eingriff dabei dann anzunehmen, wenn eine **nationale Regelung geeignet ist, den innerunionalen Handel mittelbar oder unmittelbar, tatsächlich oder potenziell zu behindern**. Die Warenverkehrsfreiheit stellt folglich nicht allein ein Diskriminierungs-, sondern auch ein Beschränkungsverbot dar.[93]

Die Regelung des § 1 postuliert eine Abnahmeverpflichtung für national erzeugten regenerativen Strom. Für Strom aus anderen Mitgliedstaaten besteht demgegenüber keine solche Abnahmeverpflichtung und zwar weder für regenerativen noch für „normalen" Strom. Durch diese Abnahmeverpflichtung (und zwar sogar zu überhöhten Preisen) wird mit anderen Worten der nationale Strom aus regenerativen Energien gegenüber sämtlichen Strom aus anderen Mitgliedstaaten bevorzugt. Eine solche offen diskriminierende Regelung ist geeignet, den innerunionalen Handel zumindest potenziell zu behindern.[94] Sie stellt damit einen Eingriff in den Schutzbereich des Art. 34 AEU dar.

> **Hinweis**: Bei der Bestimmung des Eingriffs ist allein auf die Frage abzustellen, ob für den unionalen Handel mit Strom eine Beschränkung vorliegt. Eine Untersuchung der Frage inwieweit eine solche Regelung auch ausländische Unternehmen davon abhält, in Deutschland als Versor-

---

[93] *Thiele*, JA 2005, 621 (624).
[94] EuGH Rs. C-379/98, Slg. 2001, I-2099.

gungsunternehmen tätig zu werden, ist hingegen eine Frage der Niederlassungsfreiheit.

III. Rechtfertigung des Eingriffs

Möglicherweise ist der Eingriff in den Schutzbereich des Art. 34 AEU jedoch gerechtfertigt. Zu unterscheiden ist dabei grds. zwischen den geschriebenen (1) und den ungeschriebenen Rechtfertigungsgründen (2).

1. Geschriebene Rechtfertigungsgründe

Die geschriebenen Rechtfertigungsgründe für die Warenverkehrsfreiheit finden sich in Art. 36 AEU. Nach dieser Regelung sind Beschränkungen der Warenverkehrsfreiheit unter anderem zulässig, sofern sie dem Schutz der **Gesundheit und des Lebens von Menschen** dienen. Da Beschränkungen der Grundfreiheiten dem unionalen Binnenmarkt prinzipiell entgegenstehen, sind die einzelnen Rechtfertigungsgründe nach der Rechtsprechung des EuGH eng auszulegen.[95] Danach greift dieser Rechtfertigungsgrund nur bei solchen Maßnahmen ein, die einen unmittelbaren Bezug zu den genannten Schutzgütern aufweisen.[96] Die Ware selbst muss also eine solche Gesundheitsgefährdung darstellen.[97] Insbesondere Regelungen zum Umweltschutz fallen daher grds. nicht unter diesen Rechtfertigungsgrund. Allerdings wird diese Rechtsprechung angesichts der zunehmenden Bedeutung des Umweltschutzes teilweise in Frage gestellt. So geht etwa *Faber* davon aus, dass auch Regelungen zum Umweltschutz letztlich der menschlichen Gesundheit zugute kommen.[98] Daher sei Art. 36 I AEU um den Umweltschutz zu erweitern. Diese Ansicht passt indes nicht in die soeben aufgezeigte Regel, wonach die geschriebenen Rechtfertigungsgründe als Ausnahmebestimmungen eng

---

[95] Vgl. EuGH Rs. 113/80, Slg. 1981, 1625 Rn 7. Siehe auch *Epiney*, in: Ehlers, Europäische Grundrechte und Grundfreiheiten, § 8 Rn 57.
[96] Vgl. *Epiney/Möllers*, Freier Warenverkehr und nationaler Umweltschutz, 1992, 26 f.
[97] *Frenz*, Handbuch Europarecht Bd. 1 Rn 962.
[98] *Faber*, NuR 2002, 140 (142).

auszulegen und daher als abschließend anzusehen sind. Nur dadurch kann der Ausnahmecharakter der Norm gewahrt werden. Der Umweltschutz ist daher allein als ungeschriebener Rechtfertigungsgrund anzuerkennen (dazu sogleich). Der Schutz der **Gesundheit** vermag die Beschränkung daher **nicht zu rechtfertigen.**

> **Hinweis**: An dieser Stelle ist durchaus eine andere Ansicht vertretbar. Aufgrund der besonderen Bedeutung des Umweltschutzes ist es also vertretbar, diesen unter Art. 36 AEU zu subsumieren. Beachten Sie aber, dass eine solche Erweiterung nur für den Bereich des Umweltschutzes diskutiert wird. Weitere Erweiterungen der Rechtfertigungsgründe des Art. 36 AEU sollten Sie in einer Klausur daher keinesfalls annehmen.

2. Ungeschriebene Rechtfertigungsgründe

Neben den geschriebenen Rechtfertigungsgründen hat der EuGH mittlerweile für alle Grundfreiheiten auch ungeschriebene Rechtfertigungsgründe anerkannt.[99] Danach sind Beschränkungen der Grundfreiheiten zulässig, sofern sie **zwingenden Erfordernissen des Gemeinwohls** dienen. Als solch ein zwingendes Erfordernis ist vom EuGH unter anderem auch der Umweltschutz anerkannt.[100]

Zu beachten ist allerdings, dass die ungeschriebenen Rechtfertigungsgründe allein auf Beschränkungen sowie mittelbare Diskriminierungen anwendbar sind. Grds. keine Anwendung finden sie hingegen auf nationale Regelungen, die eine offene Diskriminierung ausländischer Waren darstellen.[101] Im vorliegenden Fall wird jedoch ausländischer Strom offen diskriminiert, indem der national aus regenerativen Energien erzeugte Strom bevorzugt wird. Damit scheidet eine Rechtfertigung aus Gründen des Umweltschutzes als zwingendem Grund des Gemeinwohls prinzipiell aus.

Es stellt sich indes die Frage, ob der Rechtfertigungsgrund Umweltschutz nicht ausnahmsweise auch auf **offen diskriminierende Regelungen** Anwendung finden kann, ohne

---

[99] *Thiele*, Europarecht, S. 198 f.
[100] EuGH Rs. 302/86, Slg. 1988, 4607 Rn 9; Rs. C-2/90, Slg. 1992, I-4431 Rn 32.
[101] Zu den Gründen nur *Thiele*, JA 2005, 621 (625 f.).

eine solche Erweiterung generell für alle zwingenden Erfordernisse anzunehmen.[102] Für eine solche Sonderstellung des Umweltschutzes spricht zunächst die gestiegene Bedeutung die diesem Bereich auch im EU- und AEU-Vertrag mittlerweile zukommt. So findet sich etwa in Art. 11 AEU eine **umweltrechtliche Querschnittsklausel**, wonach Umweltaspekte in allen Politikbereichen einzubeziehen sind.

Die Einbeziehung solcher Umweltaspekte im Bereich der Warenverkehrsfreiheit könnte durch die Anerkennung eines solchen Rechtfertigungsgrundes verwirklicht werden. Gerade die Umsetzung von speziellen Umweltschutzprogrammen erfordert oftmals diskriminierende nationale Regelungen, um eine größtmögliche Effektivität erzielen zu können. Nur so kann eine nachhaltige Entwicklung wirksam gefördert werden. Da die Mitgliedstaaten weiterhin dem Grundsatz der Verhältnismäßigkeit unterliegen, rechtfertigen diese Besonderheiten des Umweltschutzes daher **eine Erweiterung dieses Rechtfertigungsgrundes auch auf offen diskriminierende Maßnahmen**. Auch im vorliegenden Fall kommt damit eine Rechtfertigung in Betracht.

> **Hinweis**: Eine solche Erweiterung wird wohl auch vom EuGH vorgenommen, siehe nur Rs. C-389/96, Rn 19 und jetzt auch Rs. C-573/12 und die Anmerkung von *Glinski*, EuR 2014, 567. In allen anderen Bereichen ist eine Ausdehnung des Rechtfertigungsgrundes der "zwingenden Erfordernisse" hingegen abzulehnen. Generell können Sie an dieser Stelle erneut eine andere Auffassung vertreten, denn ein gewisser Systembruch ist hier nicht zu leugnen. Sie müssen diese Frage jedoch ausführlich diskutieren, was voraussetzt, dass Sie mit den Besonderheiten des Umweltschutzes vertraut sind.

Für eine Rechtfertigung ist zudem erforderlich, dass die Mitgliedstaaten den Grundsatz der **Verhältnismäßigkeit** beachten. Dies setzt eine Regelung voraus, die als geeignet, erforderlich und angemessen angesehen werden kann. Im Hinblick auf § 1 Stromeinspeisungsgesetz bestehen diesbe-

---

[102] Zum Folgenden *Frenz*, Handbuch Europarecht Bd. 1 Rn 1030. Siehe auch *Glinski*, EuR 2014, 567 ff.

72

züglich keine Bedenken. Die Regelung ist daher als verhältnismäßig anzusehen.

Hinweis: An dieser Stelle könnte auch eine etwas ausführlichere Prüfung
erfolgen. Eindeutige Anhaltspunkte für eine Unverhältnismäßigkeit ergeben sich aus dem Sachverhalt jedoch nicht.

IV. Ergebnis

Ein Verstoß gegen die Warenverkehrsfreiheit liegt nicht vor.
Die Regelung ist vielmehr aus **Gründen des Umweltschutzes gerechtfertigt**.

Ein Verstoß gegen sonstige Grundfreiheiten könnte zwar noch geprüft
werden, allerdings wären auch diese jedenfalls aus Gründen des Umweltschutzes gerechtfertigt.

C. Gesamtergebnis des Gutachtens

§ 1 Stromeinspeisungsgesetz verstößt weder gegen das
Beihilfenverbot noch gegen europäische Grundfreiheiten.

FALL 6: ÖLIGE ANGELEGENHEIT...

Die Firma Unilever hat ihren Sitz in Italien. Sie ist Produzent von nativem Olivenöl und lieferte im Jahre 1998 wie vertraglich vereinbart die Menge von 648 Litern Olivenöl an die ebenfalls in Italien sitzende Firma Central Food.

Nur wenige Tage nach der Lieferung teilte die Central Food mit, dass das Olivenöl nicht gemäß den nationalen Etikettierungsvorschriften etikettiert worden sei. Sie forderte Unilever daher auf, die in ihrem Zwischenlager gelagerte Ware zurückzunehmen und verweigerte die Zahlung des Kaufpreises. Unilever hingegen machte geltend, dass die nationalen Vorschriften in diesem Fall keine Anwendung finden könnten. Die Kommission habe nämlich gestützt auf Art. 9 der InfoRL festgestellt, dass die Italienische Republik entsprechende Etikettierungsregelungen gegenwärtig nicht erlassen dürfe. Die (erst nach dieser Mitteilung erlassenen) nationalen Regelungen verstießen folglich gegen diesen Art. 9 der InfoRL und seien damit unionsrechtswidrig. Die gelieferte Ware entspreche damit dem geltenden Recht, weshalb Central Food die Lieferung auch bezahlen müsse. Central Food verweigert jedoch weiterhin die Zahlung. Daraufhin erbebt Unilever Klage vor dem zuständigen Zivilgericht.

Der zuständige Richter teilt die Auffassung, dass die nationalen Regelungen einen Verstoß gegen Art. 9 der InfoRL darstellen. Er ist sich jedoch nicht sicher, welche Folgen dies für die Anwendbarkeit der nationalen Regelungen in einem Zivilrechtsstreit hat. Auch die Central Food macht nun noch einmal deutlich, dass ihr aus einer vom Mitgliedstaat nicht beachteten Richtlinie doch keine Nachteile erwachsen dürften. Der Richter möchte diese streitigen Fragen daher dem EuGH vorlegen.

Formulieren Sie die Vorlagefrage und prüfen Sie die Erfolgsaussichten eines solchen Verfahrens!

Angelehnt an EuGH Rs. C-443/98, Slg. 2000, I-7535 (Unilever).

74

Vorüberlegung: Der vorliegende Fall behandelt die Frage der unmittelbaren Wirkung von Richtlinien. Fraglich ist dabei vor allem die Reichweite einer solchen unmittelbaren Wirkung zwischen Privatpersonen. Bei dieser Frage handelt es sich um einen europarechtlichen Klassiker, dessen Kenntnis auch im Bereich des Pflichtfachs vorausgesetzt wird.[103]

Prozessrechtlich geht es um das **Vorabentscheidungsverfahren** nach Art. 267 AEU. In diesem Fall müssen Sie zusätzlich die Vorabentscheidungsfrage formulieren. Dies setzt voraus, dass Sie das rechtliche Problem des Falles erkannt haben, da Sie nur dann die aufgeworfene Frage ermitteln können. Es empfiehlt sich daher mit der endgültigen Formulierung der Vorlagefrage zu warten, bis Sie sich mit Hilfe einer vollständigen Gliederung das relevante Problem (oder die relevanten Probleme!) verdeutlicht haben.

Im vorliegenden Fall möchte der Richter wissen, welche Folgen der Verstoß der nationalen Vorschriften gegen Art. 9 der InfoRL für die Anwendung dieser Regelungen im zu entscheidenden Zivilrechtsstreit hat. Fraglich ist, ob diese nationalen Regelungen aufgrund des Verstoßes außer Anwendung bleiben müssen. Die **Vorlagefrage** könnte daher folgendermaßen lauten:

Ist Art. 9 der InfoRL so auszulegen, dass eine nationale Regelung, die gegen diese Norm verstößt, in einem Zivilrechtsstreit unangewendet bleiben muss?

Hinweis: Bei der Formulierung der Vorlagefrage ist Folgendes zu beachten: Der EuGH ist allein dafür zuständig, europäisches Recht auszulegen. **Nationales Recht ist daher niemals unmittelbar Streitgegenstand eines Verfahrens** vor dem EuGH.[104] Sie dürfen daher nie den Fehler machen, direkt nach der Vereinbarkeit einer nationalen Norm mit Unionsrecht zu fragen. Es empfiehlt sich daher, die Frage stets mit der Formulierung zu beginnen, ob eine unionsrechtliche Norm in der Weise auszulegen ist, dass sie dieser oder jener Rechtsfolge entgegensteht. **Ein Beispiel wie eine Vorlagefrage auf keinen Fall formuliert werden darf, finden sie in der Rs. C-19/14.** Hier hat das vorlegende deutsche Gericht tatsächlich unmittelbar nach der Vereinbarkeit von deutschem Recht mit Unionsrecht gefragt. Die Vorlage war dann auch „offensichtlich unzulässig".

---

[103] Überblick zu dieser Frage bei *Thiele*, Europarecht, § 5.
[104] *Thiele*, Europäisches Prozessrecht, § 9 Rn 26.

A. Zulässigkeit der nationalen Vorlage

I. Vorlageberechtigung

Vorlageberechtigt sind gemäß Art. 267 AEU alle **Gerichte** der **Mitgliedstaaten.** Der Begriff des Gerichts ist unionsrechtlich zu bestimmen. Er umfasst danach alle **unabhängigen Organe, die in einem rechtsstaatlich geordneten Verfahren Rechtstreitigkeiten mit Rechtskraftwirkung zu entscheiden haben.**[105] Laut Sachverhalt erhebt Unilever Klage vor dem zuständigen Zivilgericht. Mangels anders lautender Angaben ist dabei davon auszugehen, dass es sich dabei um ein Gericht iSd Art. 267 AEU handelt. Das Gericht ist damit vorlageberechtigt.

> **Hinweis**: Auch die nationalen **Verfassungsgerichte sind Gerichte** iSd Art. 267 AEU. Probleme können insbesondere bei Schiedsgerichten auftreten. Maßgeblich ist in diesen Fällen, ob der jeweilige Spruchkörper eine hinreichend enge Beziehung zur öffentlichen Gewalt aufweist. Ausführlich dazu *Thiele,* Europäisches Prozessrecht, § 9 Rn 6 ff.

II. Zulässige Vorlagefrage

Es müsste eine **zulässige Vorlagefrage** vorliegen. Die zulässigen Vorlagefragen richten sich nach Art. 267 I AEU. Danach können nationale Gerichte unter anderem Fragen über die Gültigkeit oder Auslegung der Handlungen der Organe der Union an den EuGH richten. Direkte Fragen bzgl. der Vereinbarkeit von nationalen Regelungen sind hingegen unzulässig.[106] Im vorliegenden Fall stellt das Gericht eine Frage über die Auslegung des Art. 9 der InfoRL. Bei dieser **Richtlinie handelt es sich um eine Norm des Unionsrechts.** Damit liegt hier eine zulässige Vorlagefrage vor.

> **Hinweis**: In dem strengen Erfordernis, die Vorlagefrage zwingend auf die Gültigkeit des Unionsrechts zu begrenzen liegt keine unnötige „juristische Förmelei". Vielmehr ist sie notwendige Folge des Prinzips der begrenzten Einzelermächtigung, da dem EuGH keinerlei Kompetenz zugewiesen wurde, nationales Recht direkt zu überprüfen. Allerdings behält sich der Eu-

---

[105] Siehe nur EuGH Rs. C-407/98, Slg. 2000, I-5539.
[106] *Thiele,* Europarecht, § 10.

GH das Recht vor, ungenau gestellte Fragen eigenständig zu präzisieren.[107]

III. Entscheidungserheblichkeit

Die vom Gericht vorgelegte Frage muss für das Ausgangsverfahren **entscheidungserheblich** sein. Das Verfahren nach Art. 267 AEU kann folglich nicht dazu genutzt werden, eine ganz allgemeine europarechtliche Frage zu stellen, die in keinem Zusammenhang mit dem Ausgangsverfahren steht. Allerdings kommt es für die Frage der Entscheidungserheblichkeit primär auf die **Einschätzung des nationalen Gerichts** selbst an. Der EuGH prüft diese Frage also regelmäßig nicht. Etwas anderes gilt allenfalls dann, wenn die Vorlage offensichtlich in keinem Zusammenhang mit der Realität steht, das Problem also hypothetischer Natur ist oder der EuGH nicht über die tatsächlichen und rechtlichen Angaben verfügt, die für eine zweckdienliche Beantwortung erforderlich sind.[108]

Eine solche offensichtliche Unerheblichkeit ist in diesem Fall nicht gegeben. Da durch die Beantwortung der Vorlagefrage letztlich die streitentscheidende Norm im Ausgangsrechtsstreit bestimmt wird, gibt es für den EuGH keinen Grund, an der Entscheidungserheblichkeit zu zweifeln. Eine Entscheidungserheblichkeit ist damit gegeben.

Hinweis: Auch in einer Klausur müssen Sie die Entscheidungserheblichkeit insoweit allein nach diesem Maßstab des EuGH beurteilen. Unzulässig wäre es hingegen, wenn Sie lange Ausführungen zur tatsächlichen Entscheidungserheblichkeit nach nationalem Recht machen würden. Denn eine solche setzt eine vertiefte Auseinandersetzung mit dem nationalen Recht selbst voraus, die der EuGH weder leisten darf noch angesichts der Vielzahl an Rechtsordnungen leisten könnte.

---

[107] Siehe etwa EuGH Rs. 6/64, Slg. 1964, 1251, 1268: „Der Gerichtshof kann aus der unvollkommen gefassten Frage des staatlichen Gerichts die Fragen herausschälen, welche die Auslegung des Vertrages betreffen."

[108] Vgl. *Wegener*, in: Calliess/Ruffert, Art. 267 AEUV Rn. 23.

IV. Frist

Eine Vorlagefrist besteht im Verfahren des Art. 267 AEU nicht.

V. Ergebnis

Die Vorlage durch das italienische Zivilgericht ist zulässig.

B. Beantwortung der Vorlagefrage

> **Hinweis**: Eine Begründetheit im eigentlichen Sinne gibt es im Vorabentscheidungsverfahren nicht. Sofern die Vorlage zulässig ist, beantwortet der EuGH schlicht die ihm gestellte Frage. Sie sollten daher den Begriff der „Begründetheit" in einem Vorlageverfahren nicht verwenden. Im Übrigen gibt es keinen vorgeschriebenen Aufbau. Dieser hängt vielmehr von der jeweiligen Vorlagefrage ab.

Durch die Vorlage möchte das italienische Zivilgericht wissen, ob Art. 9 InfoRL so auszulegen ist, dass eine dagegen verstoßende nationale Rechtsnorm in einem Zivilrechtsstreit unangewendet bleiben muss. Die Beantwortung dieser Frage setzt voraus, sich zunächst über die **generelle Wirkung von Richtlinien** Gedanken zu machen (I.). Anschließend stellt sich die Frage einer möglichen **unmittelbaren Wirkung** (II.) auch **innerhalb von Zivilrechtsstreitigkeiten** (III).

I. Generelle Wirkung von Richtlinien

Die Richtlinie ist gemäß Art. 288 AEU ein an die Mitgliedstaaten gerichteter Rechtsakt, der zwar hinsichtlich des zu erreichenden Ziels Verbindlichkeit beansprucht, jedoch den innerstaatlichen Stellen, die Wahl der Form und der Mittel der Umsetzung überlässt. Die Richtlinie ist folglich ein **zweistufiger Rechtsakt**.[109]

Auf einer ersten Stufe erlässt die Europäische Union eine Regelung, die dann auf einer zweiten Stufe durch die Mitgliedstaaten umgesetzt werden muss. Aus diesen Überle-

---

[109] *Ruffert*, in: Calliess/ders., Art. 288 AEUV Rn 23.

gungen folgt zugleich, dass Richtlinienregelungen grds. erst durch den mitgliedstaatlichen Umsetzungsakt Rechtswirkungen im innerstaatlichen Bereich entfalten können. Eine unmittelbare Geltung – wie etwa bei den Verordnungen vorgesehen – kommt der Richtlinie folglich nicht zu.

II. Möglichkeit einer unmittelbaren Wirkung

Hinweis: Achten Sie diesbezüglich auf **die korrekte Terminologie**: Eine Verordnung entfaltet nach Art. 288 AEU **unmittelbare Geltung**. Damit ist gemeint, dass die Verordnung unmittelbar und vollständig Teil der innerstaatlichen Rechtsordnung wird. Richtlinien hingegen kommt allenfalls eine **unmittelbare Wirkung** zu. Damit wird ausgedrückt, dass Richtlinien trotz fehlender unmittelbarer Geltung bestimmte Rechtswirkungen in der nationalen Rechtsordnung entfalten und dadurch auch unmittelbar anwendbar sein können.

Das Umsetzungserfordernis kann allerdings zu **Gefährdungen der Einheitlichkeit des Unionsrechts** führen. Sofern der Mitgliedstaat nämlich schlicht untätig bleibt und eine Umsetzung verweigert oder aber Regelungen erlässt, die der Richtlinie widersprechen, begründet dies zwar eine Vertragsverletzung des jeweiligen Mitgliedstaats. Allerdings hat der Einzelne in einem solchen Fall prinzipiell keine Möglichkeit, sich auf mögliche Rechte, die ihm durch die Richtlinie gewährt werden sollten, zu berufen. Der **effet-utile-Gedanke** erfordere es daher, dem Einzelnen die Möglichkeit zu eröffnen, sich unter bestimmten Voraussetzungen auch auf nicht (oder falsch) umgesetzte Richtlinienbestimmungen zu berufen.

Hinzu komme die Überlegung, dass der säumige Mitgliedstaat dem Einzelnen nicht seine eigenen Umsetzungsversäumnisse entgegenhalten könne, weshalb er unter diesen Voraussetzungen bestimmte Richtlinienregelungen gegen sich gelten lassen müsse.[110]

Die **Anforderungen, die der EuGH dabei an eine solche unmittelbare Wirkung stellt, sind die Folgenden:**[111]

---

[110] *Ruffert*, in: Calliess/Ruffert, Art. 288 AEUV Rn 48.
[111] Vgl. *Thiele*, Europarecht, S. 118 ff.

- die Umsetzungsfrist der Richtlinie muss abgelaufen sein, ohne dass sie richtig oder vollständig in nationales Recht umgesetzt wurde;
- die Bestimmungen der Richtlinie müssen inhaltlich unbedingt und hinreichend genau bestimmt sein.

Im vorliegenden Fall hat die Kommission – gestützt auf Art. 9 InfoRL – bereits festgestellt, dass die italienische Regierung entsprechende Etikettierungsvorschriften nicht erlassen durfte. Dabei ergibt sich hier damit die Besonderheit, dass die Richtlinie selbst die Möglichkeit vorsieht, den Mitgliedstaaten den Erlass entgegenstehender Regelungen für einen bestimmten Zeitraum zu untersagen. Durch den dennoch erfolgten Erlass der Regelungen liegt folglich ein **Verstoß gegen diese Richtlinienbestimmung** vor.

Die Richtlinienvorgabe wurde also letztlich nicht richtig in nationales Recht „umgesetzt". Dass die Umsetzung in diesem Fall eine Untätigkeit des nationalen Gesetzgebers erfordert hätte, schadet insoweit nicht. Zudem ergeben sich auch die Bestimmungen der Richtlinie hinreichend genau: Untersagt ist den Mitgliedstaaten der Erlass neuer Etikettierungsregelungen. Daraus folgt im Umkehrschluss das Recht des Einzelnen, nicht durch neue nationale Regelungen des Gesetzgebers am Verkauf der eigenen Produkte gehindert zu werden. Damit kommt in diesem Fall eine **unmittelbare Wirkung grds. in Betracht**.

Hinweis: Die Feststellung der Voraussetzungen der unmittelbaren Wirkung war in diesem Fall nicht ganz so einfach, da es hier eine wirkliche Umsetzungsfrist im eigentlichen Sinne nicht gab. Der Erlass nationaler Regelungen trotz eines ausdrücklich in der Richtlinie genannten Verbots stellt aber in jedem Fall einen Verstoß gegen die Richtlinie selbst dar. Dass eine Umsetzungsfrist diesbezüglich nicht existiert, schadet also nicht.

III. Geltung der unmittelbaren Wirkung in Zivilrechts-
fällen

Fraglich ist indes die **Reichweite der** auf diese Weise begründeten **unmittelbaren Wirkung**. Sie greift dabei in
jedem Falle sofern der Einzelne Rechte aus der Richtlinie
unmittelbar gegenüber dem jeweiligen Mitgliedstaat geltend
machen will. Demgegenüber hat der Gerichtshof bereits
mehrfach festgehalten, dass eine verpflichtende Wirkung einer nichtumgesetzten Richtlinie nicht in Betracht kommt.
Dies folgt aus der Überlegung, dass sich die Richtlinie allein
an den Mitgliedstaat wendet. Bis zu einer Umsetzung der
Richtlinie muss der Einzelne daher von einer verpflichtenden
Wirkung verschont bleiben.[112] Er kann mit anderen Worten
nach rechtsstaatlichen Grundsätzen darauf vertrauen, erst
durch den mitgliedstaatlichen Umsetzungsakt in seinen
Rechten betroffen zu werden. Eine andere Auslegung würde
im Übrigen auch den Unterschied zwischen der Verordnung
und der Richtlinie in unzulässiger Weise verwischen.[113]

Aus diesen Überlegungen ergibt sich zugleich, dass auch
eine **unmittelbare Wirkung in Privatrechtsverhältnissen
ausscheiden muss**, sofern sie zumindest für den einen
beteiligten Teil eine Auferlegung von Pflichten darstellen
würde.[114] Wenn etwa eine Richtlinie in bestimmten Fällen
eine längere Kündigungsfrist für bestimmte Vertragsarten
vorsieht, ist es ausgeschlossen, dass sich ein Vertragspart-
ner auf diese Bestimmung beruft, solange das nationale
Recht kürzere Fristen vorsieht. Zwar begründet die Richtlinie
ohne Zweifel ein Recht für den Kündigungsberechtigten.
Zugleich führt sie jedoch dazu, dass der Kündigungs-
empfänger über einen längeren Zeitraum mit einer Kündigung rechnen muss. Damit würde dem Kündigungsem-
pfänger das Recht genommen, die Kündigung als verspätet
zurückzuweisen. Das hingegen wäre nicht zulässig.

---

[112] *Thiele*, Europarecht, S. 121.
[113] Vgl. *Ruffert*, in: Calliess/ders., Art. 288 AEUV Rn 61.
[114] *Ruffert*, in: Calliess/ders., Art. 288 AEUV Rn 57.

Auch im vorliegenden Fall handelt es sich um einen solchen Zivilrechtsfall. Auf den ersten Blick könnte man daher annehmen, dass auch hier eine Berufung auf die Regelung der Richtlinie ausscheiden muss.

Es ist jedoch fraglich, ob dies tatsächlich der Fall ist. Bei genauerer Betrachtung zeigt sich nämlich, dass dem Recht der Unilever, sich auf die Richtlinie berufen zu können, keine damit zusammenhängende Pflicht der Central Food entgegensteht. **Es ist also nicht so, dass eine unmittelbare Wirkung der Richtlinie ein bestehendes nationales Recht der Central Food beseitigen würde.** Das wäre in der Tat unzulässig. Vielmehr wird hier – anders als in dem beschriebenen Kündigungsfall – durch die Richtlinie selbst keineswegs der materielle Inhalt der Rechtsnorm festgelegt, auf deren Grundlage das nationale Gericht den Rechtsstreit zu entscheiden hat. Die Central Food beruft sich im vorliegenden Fall auch nicht auf ihre Rechte, sondern auf ihre eigenen vermeintlichen aus dem nationalen Recht resultierenden Verpflichtungen, um diese der Richtlinie entgegenzuhalten.[115]

Lediglich diese vermeintlichen nationalen Verpflichtungen der Central Food werden durch die unmittelbare Wirkung der Richtlinie beseitigt. Es wird damit letztlich von der Central Food lediglich verlangt, sich im Konfliktfall gegenüber italienischen Behörden ebenfalls auf die unmittelbare Wirkung der Richtlinie zu berufen.

Gegen eine solche Wirkung der Richtlinie sprechen jedoch keine rechtsstaatlichen Bedenken. Im Ergebnis kann daher festgehalten werden, dass die Richtlinie auch in diesem Zivilrechtsfall eine unmittelbare Wirkung entfaltet. Die entgegenstehenden nationalen Vorschriften sind daher im konkreten Fall nicht heranzuziehen.

---

[115] Siehe *Streinz*, JuS 2001, 810.

C. Antwort des EuGH

Auf die vom italienischen Gericht vorgelegte Frage ist im Ergebnis Folgendes zu antworten:

Art. 9 InfoRL ist so auszulegen, dass gegen diese Norm verstoßende nationale Regelungen auch in einem Zivilrechtsfall vom nationalen Richter nicht angewendet werden dürfen.

Hinweis: Das Vorabentscheidungsverfahren endet stets mit einer tenorierten Antwort des EuGH auf die vorgelegte Frage. Auch das Gutachten sollte daher stets mit einer solchen Antwort enden, die die Vorlagefrage konkret beantwortet.

FALL 7: LAß´ DICH RUHIG NIEDER...

Der aus Deutschland stammende Boekhoff (B) will gemeinsam mit seiner Frau Tine (T) eine kleine Firma zum Vertrieb gebrauchter Autos gründen. Um einer unbeschränkten persönlichen Haftung zu umgehen, planen sie die Gründung einer GmbH. Nach einem Blick ins GmbH-Gesetz stellen sie indes fest, dass das Stammkapital gemäß § 5 I GmbHG etliche Tausend Euro betragen muss. Von einem befreundeten Mitarbeiter an der Universität erhalten sie den Tipp, in England eine Limited als Briefkastenfirma zu gründen. Dort betrage das Mindestkapital nur wenige hundert Euro. Anschließend sollten sie dann eine Zweigniederlassung in Deutschland gründen. Nach englischem Recht sei es auch nicht erforderlich auf dem englischen Markt tatsächlich tätig zu sein. Sie könnten sich insofern voll auf Deutschland konzentrieren.

Nachdem B und T eine solche Gründung tatsächlich vorgenommen haben, kommt es allerdings zu Problemen. Der zuständige Beamte verweigert die Eintragung ihrer Zweigniederlassung ins Handelsregister. Die englische Limited besitze in Deutschland keine Rechtsfähigkeit. Vielmehr sei es erforderlich, dass B und T eine normale GmbH gründeten, die den Erfordernissen der deutschen Mindestkapitalisierung genüge. Die Regelungen des englischen Limited-Rechts jedenfalls seien hier nicht anwendbar, da es deutlich sei, dass B und T den Hauptteil ihrer Tätigkeit in Deutschland verrichten wollten. Nach deutschem Recht müsse daher eine Neugründung der Gesellschaft nach deutschem Recht erfolgen. Im Übrigen folge die fehlende Rechtsfähigkeit in jedem Falle aus der Tatsache, dass B und T die Limited allein aus dem Grunde gegründet hätten, um die deutschen Regelungen zur Mindestkapitalisierung zu umgehen. Darin sei offensichtlich ein Missbrauch des Niederlassungsrechts zu sehen, der eine Versagung der Rechtsfähigkeit nach sich ziehen müsse.

84

In dem darauf folgenden Rechtstreit bringen B und T vor, dass sie mit ihrem Vorgehen tatsächlich bezweckt hätten, die „unverschämten" Regelungen zur Mindestkapitalisierung in Deutschland zu umgehen. Darin könne jedoch kein Missbrauch gesehen werden. Vielmehr sei dies gerade Ausdruck der in Art. 49 AEU niedergelegten Niederlassungsfreiheit. Deutschland sei daher verpflichtet, ihre Zweigniederlassung anzuerkennen, selbst wenn in England keinerlei Geschäftstätigkeit betrieben werde.

Das Gericht ist unsicher. Es legt dem EuGH daher die folgenden zwei Fragen vor:

1. Ist Art. 49 AEU-Vertrag so auszulegen, dass er einer nationalen Regelung entgegensteht, die die Anerkennung der Rechtsfähigkeit einer Zweigniederlassung einer im Ausland ordnungsgemäß gegründeten Gesellschaft davon abhängig macht, dass diese nach innerstaatlichen Regelungen neu gegründet wird, sofern der Hauptteil der Geschäftstätigkeit in der Zweigniederlassung erbracht wird?

2. Sofern Frage 1 bejaht wird: Ist es jedenfalls mit Art. 49 AEU-Vertrag zu vereinbaren, die Rechtsfähigkeit der Zweigniederlassung abzulehnen, wenn die Errichtung der Zweigniederlassung einzig und allein dem Zweck dient, die Gesellschaftsregelungen des Mitgliedstaats zu umgehen?

Beantworten Sie die gestellten Fragen! Auf die Zulässigkeit des Vorlageverfahrens ist nicht einzugehen.

Fall angelehnt an EuGH Rs. C-212/97, Slg. 1999, I-1459 (Centros).

LÖSUNG FALL 7: LAß´ DICH RUHIG NIEDER....

Vorüberlegung: Der Fall behandelt die nicht einfache Problematik der Niederlassungsfreiheit juristischer Personen. Dies setzt zunächst voraus, dass Sie die Begriffe Sitztheorie und Gründungstheorie sowie primäre und sekundäre Niederlassungsfreiheit einordnen können. Lesen Sie hierzu *Schütz/Bruha/König*, Casebook Europarecht, S. 686 ff. Zudem finden Sie hier eine typisch europarechtliche Fragestellung: **Sie müssen in die Rolle des EuGH schlüpfen und zwei Vorlagefragen beantworten.** Auf die Zulässigkeit der Fragen ist nicht einzugehen. Einen besonderen Aufbau gibt es für die Beantwortung selbst nicht, vielmehr richtet sich dies nach der jeweils gestellten Frage. Es empfiehlt sich aber, die Fragen in der richtigen Reihenfolge zu beantworten. Hier ist dies ohnehin zwingend, da die zweite Frage nur beantwortet werden muss, wenn die erste Frage bejaht wird. Im vorliegenden Fall empfiehlt es sich, eine normale **Grundfreiheitsprüfung** vorzunehmen.

A. Zur ersten Frage

Mit der ersten Frage möchte das vorlegende Gericht wissen, ob es mit Unionsrecht vereinbar ist, wenn die innerstaatliche Rechtsfähigkeit einer im Ausland ordnungsgemäß gegründeten Zweigniederlassung davon abhängig gemacht wird, dass diese nach innerstaatlichen Vorschriften neu gegründet wird, sofern der Hauptteil der Geschäftstätigkeit in der Zweigniederlassung erbracht wird. Möglicherweise ist hierin ein **Verstoß gegen die Niederlassungsfreiheit** (Art. 49 AEU) zu sehen.

> **Hinweis**: Es empfiehlt sich, bei der Beantwortung der Fragen, diese kurz noch einmal in eigenen Worten voranzustellen und am Ende deutlich zum machen, was nun konkret geprüft werden soll. Dies hilft zum einen dem Korrektor, zum anderen kann man sich selbst noch einmal vergewissern, ob man die Vorlagefrage richtig verstanden hat.

I. Schutzbereich der Niederlassungsfreiheit

1. Persönlicher Schutzbereich

Nach Art. 54 AEU steht die Niederlassungsfreiheit nicht allein natürlichen, sondern unter bestimmten Umständen **auch juristischen Personen** zu. Voraussetzung ist jedoch, dass die jeweilige Gesellschaft nach den Rechtsvorschriften eines Mitgliedstaats gegründet wurde und ihren **satzungs-**

mäßigen Sitz, ihre Hauptniederlassung oder ihre Hauptverwaltung innerhalb der Union hat. Wie sich aus Art. 54 II AEU ergibt, ist es zudem erforderlich, dass die Gesellschaft einen **Erwerbszweck** verfolgt.[116] Sofern eine Gesellschaft diese Voraussetzungen erfüllt (und dies ist bei einer englischen Limited grds. der Fall) genießt sie nach Art. 49 AEU das Recht zur freien Niederlassung im Unionsgebiet.

Hinweis: Beachten Sie, dass Sie als „EuGH" allein die Vorlagefragen und nicht den konkreten Fall beantworten. Sie können an dieser Stelle also nicht auf die konkrete Situation von B und T eingehen. Es ist aber zulässig, auf den Fall (in Nebensätzen) Bezug zu nehmen, um die generelle Problematik zu verdeutlichen und dem vorlegenden Gericht Hilfestellungen für die Lösung des konkreten Falles zu geben.

---

2. Sachlicher Schutzbereich

Der sachliche Schutzbereich der Niederlassungsfreiheit umfasst für juristische Personen grds. das Recht, in einem anderen Mitgliedstaat **Agenturen, Zweigniederlassungen oder Tochtergesellschaften** zu gründen (**sog. sekundäre Niederlassungsfreiheit**).[117] Zu beachten ist indes, dass den juristischen Personen im gegenwärtigen Stand des Unionsrechts nicht das Recht der „Primärniederlassung" zusteht. Dieser Unterschied zu den natürlichen Personen folgt aus der Überlegung, dass juristische Personen jenseits der jeweiligen nationalen Rechtsordnung, die ihre Gründung und Existenz regelt, keine Realität haben.[118] Da das Gesellschaftsrecht in der Union bisher nicht harmonisiert worden ist, gewähren die Art. 49 und 54 AEU also gegenwärtig nicht das Recht der juristischen Personen, den Sitz der Geschäftsleitung unter Bewahrung ihrer Eigenschaft als Gesellschaften des Mitgliedstaats ihrer Gründung in einen anderen Mitgliedstaat vollständig zu verlegen (**sog. primäre Niederlassungsfreiheit**). **Erforderlich ist also stets, dass die Gesellschaft weiterhin in ihrem Gründungsstaat existiert.** Die Anerkennung einer Limited in einem anderen Mit-

---

[116] Dazu *Frenz*, Handbuch Europarecht Bd. 1 Rn 2034 f.
[117] *Schütz/Bruha/König*, Casebook Europarecht, S. 686.
[118] EuGH Rs. 81/87, Slg. 1988, 5483 Rn 19.

gliedstaat setzt folglich stets voraus, dass diese Limited auch noch in England anerkannt ist. Die Voraussetzungen, unter denen der Mitgliedstaat eine auf seinem Gebiet gegründete Gesellschaft anerkennt, ist dabei grds. allein ihm überlassen. **Sofern dabei die Rechtsfähigkeit allein davon abhängt, dass die Gesellschaft ihren Sitz im Inland eingetragen hat, ist dies unionsrechtlich nicht zu beanstanden.** So ist etwa eine in England gegründete Limited bereits dann rechtsfähig, wenn sie in England mit ihrem Hauptsitz eingetragen ist. Sie bleibt dabei auch dann rechtsfähig, wenn die gesamte Tätigkeit in eine Zweigniederlassung im europäischen Ausland verlagert wird, solange die Gesellschaft weiterhin mit ihrem Sitz in England eingetragen ist. In solchen Fällen besteht damit das „**staatsrechtliche Band**" der Zweigniederlassung zu der Hauptniederlassung im Gründungsstaat fort, so dass es sich um einen Fall der sekundären Niederlassung handelt. Ob in dem Hauptsitz überhaupt eine Form der Geschäftstätigkeit ausgeübt wird, ist für diese Bewertung unerheblich. Sofern diese Bedingungen erfüllt sind, gewährt also Art. 49, 54 AEU das Recht, in anderen Mitgliedstaaten Zweigniederlassungen zu errichten. Sofern hingegen die Rechtfähigkeit der Gesellschaft im Gründungstaat erlischt, besteht ein solches Recht nicht.

Hinweis: Im Rahmen der Darstellung der Niederlassungsfreiheit juristischer Personen empfiehlt es sich, die **Parallele zu den natürlichen Personen** zu suchen, um die vorstehenden Ausführungen nachzuvollziehen. Bei den natürlichen Personen erlischt die Staatsangehörigkeit und damit auch ihre Rechtsfähigkeit durch den Grenzübertritt nicht. Sie müssen daher auch im Aufnahmestaat als rechtsfähig anerkannt werden. Durch die fortbestehende Staatsangehörigkeit wird quasi der Kontakt zur eigenen Rechtsordnung gehalten. Bei Gesellschaften ist dies jedoch anders. Sofern ein Mitgliedstaat bei einer völligen Verlegung des Sitzes in einen anderen Mitgliedstaat den Verlust der innerstaatlichen Rechtsfähigkeit vorsieht, existiert die gesamte Gesellschaft nicht mehr. Auch der aufnehmende Staat kann dann nicht gezwungen sein, die Rechtsfähigkeit einer solchen Gesellschaft anzuerkennen. Mit der Rechtsfähigkeit verliert die Gesellschaft quasi ihre Staatsangehörigkeit, das Band zur Rechtsordnung des Gründungsortes geht verloren. Sofern hingegen der Gründungsstaat in diesen Fällen keinen Verlust der Rechtsfähigkeit annimmt, bleibt das Band weiterhin bestehen, so dass nunmehr auch der Aufnah-

mestaat – wie bei natürlichen Personen – die Rechtsfähigkeit grds. anerkennen muss.

Da das englische Recht eine solche Sitzverlegung grds.
zulässt, ist die Gründung einer Zweigniederlassung auch
dann von Art. 49, 54 AEU erfasst, wenn die gesamte Geschäftätigkeit in der Zweigniederlassung wahrgenommen
wird. **In solchen Fällen ist damit der sachliche Schutzbereich der Niederlassungsfreiheit eröffnet.**

3. Grenzüberschreitendes Element

Wie bei allen Grundfreiheiten, erfordert auch die Niederlassungsfreiheit stets ein sog. **grenzüberschreitendes Element.**[119] Erforderlich ist also, dass es sich nicht um einen
rein nationalen Sachverhalt handelt, sondern dass der Sachverhalt einen über den nationalen Rahmen hinausweisen-
den Aspekt aufweist. Auf den ersten Blick bestehen in einem
wie in der Vorlagefrage geschilderten Fall keine Bedenken
am Vorliegen eines solchen Elements: B und T haben eine
Limited in England gegründet und wollen nunmehr in
Deutschland eine Zweigniederlassung eintragen lassen. Es
ist jedoch bei genauerem Hinsehen doch denkbar, dass es
sich tatsächlich allein **um einen rein innerstaatlichen (also
deutschen) Sachverhalt** handelt. Zu beachten ist nämlich,
dass die gesamte Geschäftätigkeit allein in der Zweigniederlassung vorgenommen werden soll. Die Gründung
erfolgte demnach **ausschließlich im Hinblick auf die Geschäftstätigkeit in Deutschland.** Faktisch soll demnach
der wahre Sitz der Gesellschaft derjenige der Zweigniederlassung sein. An dieser Tatsache würde das Vorliegen
eines grenzüberschreitenden Elements jedoch nur dann
scheitern, wenn das Abstellen auf den faktischen Sitz auch
mit der Niederlassungsfreiheit vereinbar wäre. Dem ist indes
im Ergebnis nicht so. Art. 49, 54 AEU verlangen allein die
ordnungsgemäße Gründung der Gesellschaft nach innerstaatlichen Vorschriften sowie das Fortbestehen der innerstaatlichen Rechtsfähigkeit. Auch bei natürlichen Personen

---

[119] Siehe *Thiele*, Europarecht, S. 194 ff.; *Cremer*, Jura 2015, 39 (43).

kommt es insoweit nicht darauf an, an welchen Ort tatsächlich die Geschäftstätigkeit vorgenommen wird. Es ist also für die Niederlassungsfreiheit generell ganz unerheblich, wo die Geschäftstätigkeit letztendlich vorgenommen wird.[120] **Dann muss in solchen Fällen indes auch von einem grenzüberschreitenden Element ausgegangen werden**, solange die oben genannten Voraussetzungen erfüllt sind.[121]

Im Ergebnis liegt folglich in diesen Fällen das erforderliche grenzüberschreitende Element vor.

4. Bereichsausnahme

Nach Art. 51 AEU sind von der Niederlassungsfreiheit von vornherein alle die Tätigkeiten ausgenommen, die dauernd oder zumindest zeitweise mit der Ausübung öffentlicher Gewalt verbunden sind (**sog. Bereichsausnahme**). Aus der Vorlagefrage ergeben sich jedoch keine Anhaltspunkte, dass im vorliegenden Fall eine solche Tätigkeit im Raum steht.

5. Ergebnis

Der Schutzbereich der Niederlassungsfreiheit ist für Tätigkeiten, die der ersten Vorlagefrage zugrunde liegen grds. eröffnet, sofern oben genannte Voraussetzungen erfüllt sind.

II. Beschränkung

Es müsste eine Beschränkung der Niederlassungsfreiheit vorliegen. Eine solche Beschränkung der Niederlassungsfreiheit kann sowohl durch diskriminierende (1) wie auch durch unterschiedslos anwendbare Regelungen (2) vorliegen.

---

[120] EuGH Rs. 79/85, Slg. 1986, 2375 Rn 16.
[121] EuGH Rs. C-212/97, Slg. 1999, I-1459 Rn 16 ff.

90

1. Diskriminierende Regelung

Aus der Vorlagefrage ergibt sich nicht, dass die nationalen Regelungen zur Anerkennung von Gesellschaften diskriminierenden Charakter haben. Vielmehr gelten die Bestimmungen zur Mindestkapitalisierung ohne Ausnahme für alle Unternehmen. In dieser Konstellation liegt folglich keine Diskriminierung ausländischer Unternehmen.

2. Beschränkung

Über diskriminierende Regelungen steht die Niederlassungsfreiheit indes auch solchen Regelungen entgegen, die, ohne eine diskriminierende Wirkung zu entfalten, **die Ausübung der Niederlassungsfreiheit unterbinden, behindern oder weniger attraktiv machen (sog. allgemeines Beschränkungsverbot)**.[122]

> **Hinweis**: Diese Ausweitung der Grundfreiheiten von Diskriminierungs- zu Beschränkungsverboten war anfangs nicht unumstritten. Mittlerweile ist diese Rechtsprechung des EuGH jedoch allgemein anerkannt. In einer Klausur genügt es deshalb, diese Ausweitung nur kurz festzustellen. Im Rahmen einer Hausarbeit kann es aber angebracht sein, hierzu Stellung zu nehmen und auch kritische Stimmen zu zitieren.

Durch die Nichtanerkennung der Rechtsfähigkeit einer in einem anderen Mitgliedstaat ordnungsgemäß gegründeten Gesellschaft wird die Ausübung der Niederlassungsfreiheit für diese Gesellschaft quasi unmöglich gemacht. In einer solchen Regelung ist daher eine Beschränkung zu sehen. Zu beachten ist indes, dass nach der auch auf die Niederlassungsfreiheit zu übertragenden *Keck*-Rechtsprechung des EuGH[123] nur solche Beschränkungen vom Tatbestand erfasst werden, die sich als ein **Marktzugangshindernis** für ausländische Unternehmen darstellen. Lediglich **marktausgestaltende Regelungen** hingegen, die den Marktzugang selbst nicht erschweren, werden von der Niederlassungs-

---

[122] Vgl. *Tietje*, in: Ehlers, Europäische Grundrechte und Grundfreiheiten, § 10 Rn 52; *Cremer*, Jura 2015, 39 (48).
[123] Dazu *Thiele*, JA 2005, 621 (624); *Frenz*, Handbuch Europarecht Bd. 1 Rn 2014 ff.

freiheit nicht erfasst. Im vorliegenden Fall ist es jedoch so, dass eine ausländische Gesellschaft durch die Versagung der Rechtsfähigkeit bereits daran gehindert ist, am Marktgeschehen selbst teilzunehmen. Es wird ihr also der Zugang zum Markt versagt. In einer solchen Regelung liegt damit eine Marktzugangsregelung, die weiterhin vom Tatbestand der Grundfreiheiten erfasst wird. **Damit liegt hier eine relevante Beschränkung vor.**

> **Hinweis**: Sofern es sich im Rahmen einer Klausurbearbeitung nicht um eine diskriminierende, sondern lediglich um eine beschränkende Regelung handeln, sollten Sie stets ein paar Worte zur Keck-Rechtsprechung verlieren. Wenn die Situation wie hier allerdings so eindeutig ist, wäre es zulässig, dies in nur einem Satz zu erwähnen.

III. Rechtfertigung

Möglicherweise ist die in der Vorlagefrage geschilderte Beschränkung der Niederlassungsfreiheit jedoch gerechtfertigt. Im Rahmen der Niederlassungsfreiheit sind dabei **geschriebene** (1.) sowie **ungeschriebene** (2.) **Rechtfertigungsgründe** zu unterscheiden.

1. Geschriebene Rechtfertigungsgründe

Art. 52 AEU gestattet Beschränkungen (diskriminierende oder nichtdiskriminierende)[124] der Niederlassungsfreiheit, sofern sie aus Gründen der **öffentlichen Gesundheit** oder der **öffentlichen Ordnung und Sicherheit** gerechtfertigt sind. Aufgrund des vorrangigen Ziels der Union, den Binnenmarkt vollständig zu gewährleisten, ist diese Rechtfertigungsregelung eng auszulegen.[125] Die öffentliche Ordnung ist folglich nur dann als Rechtfertigungsgrund heranzuziehen, wenn eine tatsächliche und hinreichend schwere Gefährdung vorliegt, die ein Grundinteresse der Gesellschaft berührt.[126] Ein solcher Zustand ist hier indes nicht ersicht-

---

[124] *Frenz*, Handbuch Europarecht Bd. 1 Rn 2247.
[125] *Frenz*, Handbuch Europarecht Bd. 1 Rn 2231; *Tietje*, in: Ehlers, Europäische Grundrechte und Grundfreiheiten, § 10 Rn 57.
[126] EuGH Rs. 36/75, Slg. 1975, 1219 Rn 26 ff.

lich. Auch eine Gefährdung der öffentlichen Gesundheit oder der öffentlichen Sicherheit ist durch eine Anerkennung der Rechtsfähigkeit der Gesellschaft nicht ersichtlich. **Eine Rechtfertigung nach Art. 52 AEU scheidet daher aus.**

Hinweis: An dieser Stelle hätten die Ausführungen durchaus knapper ausfallen können. Auch der EuGH geht auf diese Regelung in seiner Entscheidung nicht weiter ein, was auch daran liegt, dass entsprechende Rechtfertigungsgründe von der betroffenen Regierung nicht vorgebracht wurden.

2. Ungeschriebene Rechtfertigungsgründe

Mittelbare Diskriminierungen und reine Beschränkungen können über die geschriebenen Rechtfertigungsgründe hinaus auch **durch zwingende Gemeinwohlerfordernisse gerechtfertigt werden.** Als ein solches zwingendes Gemeinwohlerfordernis kommt in diesem Fall der **Gläubigerschutz** in Betracht. Gläubiger einer Limited stünden aufgrund der geringeren Mindestkapitalisierung ansonsten vor der großen Gefahr, dass ihre Forderungen uneinbringlich würden. Zudem kann durch eine solche Maßnahme die Gefahr eines betrügerischen Bankrotts aufgrund der Zahlungsunfähigkeit von Gesellschaften mit unzureichendem Anfangskapital vorgebeugt werden.

Allein das Vorliegen eines zwingen Gemeinwohlerfordernisses genügt für eine Rechtfertigung der Beschränkung indes noch nicht. Erforderlich ist vielmehr, dass dieses Gemeinwohlerfordernis auch mit **verhältnismäßigen Mitteln** umgesetzt wird.[127] An der Eignung der Maßnahme zum Schutz der Gläubiger bestehen im geschilderten Fall keine Bedenken.

Fraglich ist indes, **ob die völlige Versagung der Rechtsfähigkeit sich auch als erforderlich darstellt.** Zu beachten ist nämlich, dass sich das Ziel des Gläubigerschutzes und die Verhinderung möglicher Betrügereien bereits durch ausführliche Hinweispflichten der Gesellschaft gewährleisten

---

[127] *Enchelmaier*, Europäisches Wirtschaftsrecht Rn 177.

lassen. So wäre es etwa denkbar, die Limited zu verpflichten, bei jeglichem geschäftlichen Kontakt die Höhe ihrer Mindestkapitalisierung zu nennen. Zudem zeigt bereits der Titel Limited an, dass es sich gerade nicht um eine deutsche GmbH handelt. Die Gläubiger sind insofern bereits ausreichend gewarnt, wenn sie ausdrücklich auf diesen Umstand hingewiesen werden müssen.

Aufgrund dieser Überlegungen stellt die völlige Versagung der Rechtsfähigkeit ein **unverhältnismäßiges Mittel** dar. Eine solche Regelung vermag die Beschränkung der Niederlassungsfreiheit daher nicht zu rechtfertigen.

Hinweis: An dieser Stelle können die Ausführungen durchaus länger ausfallen.

IV. Beantwortung der ersten Frage

Art. 49 AEU steht einer nationalen Regelung entgegen, die die Anerkennung der Rechtsfähigkeit einer Zweigniederlassung einer im Ausland ordnungsgemäß gegründeten und fortbestehenden Gesellschaft davon abhängig macht, dass diese nach innerstaatlichen Regelungen neu gegründet wird, sofern der Hauptteil der Geschäftstätigkeit in der Zweigniederlassung erbracht wird.

Hinweis: Sie sollten bei einem Vorlageverfahren stets auch die Antwort des EuGH formulieren. Möglich wäre es natürlich auch, die Fragen gemeinsam am Ende der Bearbeitung zu beantworten.

B. Zur zweiten Frage

Mit der zweiten Frage möchte das vorlegende Gericht im Wesentlichen wissen, ob sich an der soeben dargestellten Bewertung etwas ändert, sofern die Errichtung der Zweigniederlassung einzig und allein dem Zweck dient, die schärferen Gesellschaftsregelungen des Mitgliedstaats zu umgehen.

I. Schutzbereich der Niederlassungsfreiheit

1. Grds. Eröffnung des Schutzbereiches

An der grds. **Eröffnung des Schutzbereiches ändert sich auch** in der Konstellation der zweiten Frage **nichts**. Im Grundsatz ist folglich auch in diesem Fall davon auszugehen, dass sich die Limited bei der Errichtung der Zweigniederlassung auf die Niederlassungsfreiheit berufen kann.

2. Ausschluss des Schutzbereiches durch Missbrauchsabsicht

Möglicherweise ergibt sich jedoch eine andere Bewertung, sofern die Zweigniederlassung einzig und allein zu dem Zweck gegründet wird, um die strengeren Gesellschaftsregelungen eines Mitgliedstaats zu umgehen. Zu beachten ist nämlich, **dass eine missbräuchliche oder betrügerische Berufung auf Unionsrecht nicht gestattet ist.**[128] Möglicherweise ist in der bewussten Umgehung nationaler Mindestkapitalisierungsvorschriften eine solche missbräuchliche Berufung auf das Unionsrecht zu sehen. Bei der Würdigung eines Verhaltens als missbräuchlich müssen jedoch **die Ziele der jeweiligen Bestimmungen – in diesem Fall also der Niederlassungsfreiheit – beachtet werden.**[129]

Zweck der Niederlassungsfreiheit ist es gerade, es den nach dem Recht eines Mitgliedstaats errichteten Gesellschaften, die ihren satzungsmäßigen Sitz, ihre Hauptverwaltung oder ihre Hauptniederlassung innerhalb der Union haben, zu erlauben, mittels einer Agentur, Zweigniederlassung oder Tochtergesellschaft in anderen Mitgliedstaaten tätig zu werden.[130] **Die Begünstigten der Grundfreiheiten sind dabei berechtigt, sämtliche Garantien derselben voll auszuschöpfen.**[131]

---

[128] EuGH Rs. 33/74, Slg. 1974, 1299 Rn 13; Rs. 148/91, Slg. 1993, I-487; Rs. C-367/96, Slg. 1998, I-2843.

[129] *Frenz*, Handbuch Europarecht Bd. 1 Rn 2284.

[130] EuGH Rs. C-212/97, Slg. 1999, I-1459 Rn 26.

[131] *Frenz*, Handbuch Europarecht Bd. 1 Rn 2285.

Aus diesen Überlegungen folgt, dass es für sich allein keine missbräuchliche Ausnutzung des Niederlassungsrechts darstellen kann, wenn ein Staatsangehöriger eines Mitgliedstaats, der eine Gesellschaft gründen möchte, diese in dem Staat errichtet, dessen gesellschaftsrechtlichen Vorschriften ihm die größte Freiheit lassen und in anderen Mitgliedstaaten Zweigniederlassungen gründet.

Das Recht, eine Gesellschaft nach dem Recht eines Mitgliedstaats zu gründen und in anderen Mitgliedstaaten Zweigniederlassungen zu gründen, **folgt nämlich im Binnenmarkt unmittelbar aus der vom AEU-Vertrag gewährleisteten Niederlassungsfreiheit.**[132] Allein die Tatsache, dass die Gesellschaft ihre Tätigkeit vornehmlich in der Zweigniederlassung ausüben will, erlaubt es den Mitgliedstaaten folglich nicht von einem betrügerischen oder missbräuchlichen Verhalten auszugehen.[133] So paradox dieser Fall erscheinen mag, **er ist die logische Folge der durch den AEU-Vertrag garantierten Rechte.**[134]

Im Übrigen kann der Gesellschaft selbst ohnehin kein Vorwurf des Missbrauchs gemacht werden. Dies beträfe allenfalls die hinter der Gesellschaft stehenden Personen, die mit dieser aber nicht gleichgesetzt werden dürfen.

Im Ergebnis ist damit festzuhalten, dass auch in einem solchen Fall der Schutzbereich der Niederlassungsfreiheit eröffnet bleibt.

II. Beschränkung/Rechtfertigung

Für die Prüfungspunkte der Beschränkung sowie der Rechtfertigung ergeben sich bei der zweiten Frage **keine Abweichungen zur ersten Frage.** Auch in diesem Fall liegt mithin eine Verletzung der Niederlassungsfreiheit vor.

---

[132] EuGH Rs. C-212/97, Slg. 1999, I-1459 Rn 27.
[133] EuGH Rs. C-212/97, Slg. 1999, I-1459 Rn 29.
[134] Schlussantrag des GA *Darmon*, in der Rs. 79/95, Slg. 1986, 2375 (2380).

> **Hinweis**: Möglich ist es auch, den möglichen Missbrauch der Niederlassungsfreiheit nicht im Rahmen des Schutzbereiches, sondern auf der Ebene der Rechtfertigung zu prüfen. So wohl *Frenz*, Handbuch Europarecht Bd. 1 Rn 2285. Es erscheint indes überzeugender, für missbräuchliches Verhalten den Schutz der Grundfreiheiten gänzlich zu versagen.

III. Beantwortung der zweiten Frage

Auch in der Konstellation der zweiten Frage steht Art. 49 AEU einer nationalen Regelung entgegen, die die Rechtsfähigkeit einer solchen Zweigniederlassung nicht anerkennt.

> **Hinweis**: Es handelte sich hier um einen etwas komplexeren Fall. Sie sollten sich jedoch mit dieser Problematik vertraut machen. Gerade in mündlichen Prüfungen werden diese Grundsätze gerne einmal abgefragt.

FALL 8: „RAUS MIT DER KOHLE..."

Im idyllischen Dannenberg im Wendland hat die europaweit tätige Firma FRG ihren Sitz. Sie vertreibt Computerartikel und hat etwa 250 Mitarbeiter. Infolge der schlechten wirtschaftlichen Lage und aufgrund des bereits seit Jahren andauernden Reformstaus gerät die FRG in wirtschaftliche Probleme. Es droht die Insolvenz. Der Kanzler ist über diese Tatsache gar nicht erfreut. Er hat langjährige Kontakte ins Wendland und weist daher seinen Wirtschaftsminister an, nach Möglichkeiten zu suchen, um die Schließung zu verhindern. Es kommt zu Verhandlungen. Letztlich erklärt sich das Bundeswirtschaftsministerium bereit, der Firma FRG eine kleine „Finanzspritze" zukommen zu lassen. FRG soll insgesamt 1 Million Euro in Form eines verlorenen Zuschusses erhalten. Weder die Kommission noch sonstige europäische Institutionen werden hiervon in Kenntnis gesetzt. Die Subvention wird am 15.12.2007 ausbezahlt.

Der verbeamtete Staatssekretär im Finanzministerium, der sich gegenwärtig ein wenig auf Kriegsfuß mit dem Bundeswirtschaftsminister befindet, wittert seine Chance, diesem einen „reinzuwürgen". Auf einer eher inoffiziellen Tagung in Brüssel berichtet er beiläufig einem Kollegen in der Kommission von der Auszahlung der Subvention. Daraufhin fordert die Kommission am 14.2.2008 die Bundesrepublik zur Beantwortung einiger Fragen bzgl. der Subvention auf. Nach wahrheitsgemäßer Beantwortung durch die Bundesregierung erlässt die Kommission am 3.6.2008 einen an die Bundesrepublik gerichteten Beschluss. Hierin stellt sie fest, dass die Beihilfe rechtswidrig gewesen sei, da die Kommission nicht, wie gemäß Art. 108 III AEU vorgesehen, vor Auszahlung von ihr unterrichtet worden sei. Sie sei ferner mit dem gemeinsamen Markt unvereinbar, da sie geeignet sei, den Handel zu beeinträchtigen und den Wettbewerb zwischen den Mitgliedstaaten zu verfälschen (vgl. Art. 107 I AEU) und auch aus diesem Grund rechtswidrig. Die Kommission fordert daher die Bundesrepublik auf, alles zu veranlassen, um die Beihilfe zurückzufordern.

98

Auch der Firma FRG wird dieser Beschluss zugestellt. Weder die Bundesrepublik noch die Firma FRG legen gegen diesen Beschluss Rechtsmittel ein. Sie lassen die Sache vielmehr zunächst auf sich beruhen. Die Kommission ist hiervon indes nicht angetan. Es kommt zu einem Konflikt zwischen ihr und der Bundesregierung, der letztlich darin endet, dass die Bundesregierung klein beigibt. Nach Anhörung der Firma FRG hebt sie (formell ordnungsgemäß) am 16.8.2009 (verschickt per Post, ordnungsgemäße Rechtsbehelfsbelehrung) den Bewilligungsbescheid auf und fordert FRG zur Rückzahlung auf. Begründet wird ihre Entscheidung mit dem Verstoß gegen Unionsrecht. Aus der nunmehr bestandskräftigen Entscheidung der Kommission vom 3.6.2008 ergebe sich eine Verpflichtung, den Bescheid aufzuheben. Daher schlage auch das Vertrauen der Firma FRG auf den Bestand der Subvention nicht durch.

Die Firma FRG ist entsetzt. Sie geht sehr wohl davon aus, dass sie auf den Bescheid vertrauen durfte. Immerhin sei die Bewilligung bestandskräftig. Außerdem sei die Subvention mittlerweile vollständig verbraucht. Sie sei daher nicht mehr bereichert. Im Übrigen existiere ein Vertrauensschutz ja auch auf Unionsebene. Ohne an ein Vorverfahren zu denken, klagt die Firma FRG gegen den Bescheid vom 16.8.2009 am 17.9.2009 vor dem zuständigen Verwaltungsgericht.

Hat die Klage Aussicht auf Erfolg?

Bearbeitungshinweis: Der Fall ist auf der Grundlage des Vertrags von Lissabon zu lösen.

Angelehnt an EuGH Slg. 1997, I-1607 (Alcan) = NJW 1998, 47.

LÖSUNG FALL 8: „RAUS MIT DER KOHLE..."

Vorüberlegung: Beim vorliegenden Fall handelt es sich um einen europarechtlichen „Klassiker": den Fall Alcan. Thematisch dreht es sich um die **Einwirkungen des Unionsrechts auf das nationale Verwaltungsrecht.** Dieser Bereich muss insoweit auch von Pflichtfachkandidaten sicher beherrscht werden. Ein Überblick dazu findet sich bei *Thiele*, Europarecht, § 8. Im Übrigen beinhaltet der Fall einige klassische Probleme des nationalen Verwaltungsrechts.

Die Klage der Firma FRG hat Aussicht auf Erfolg, soweit sie zulässig und begründet ist.[135]

A. Zulässigkeit der Klage

I. Verwaltungsrechtsweg (§ 40 I 1 VwGO)

Hinweis: Teilweise wird vertreten, den Verwaltungsrechtsweg außerhalb der Zulässigkeit zu prüfen, da es wegen § 17a GVG bei fehlerhaft gewähltem Rechtsweg nicht mehr zur Abweisung der Klage als unzulässig kommt. Vielmehr erfolgt eine Verweisung von Amts wegen an einen anderen Rechtsweg. Dennoch wird hier weiterhin davon ausgegangen, dass der Verwaltungsrechtsweg eine Zulässigkeitsvoraussetzung für eine Sachentscheidung durch das Verwaltungsgericht darstellt. Auch bei Vorliegen der Voraussetzungen des § 17a GVG ist und bleibt eine Klage vor dem Verwaltungsgericht damit unzulässig. In einer Klausur sind selbstverständlich beide Ansichten vertretbar.

Eine auf- oder abdrängende Sonderzuweisung ist nicht ersichtlich. Es kommt damit allein auf die Voraussetzungen des Art. 40 I 1 VwGO an. Dann müsste es sich um eine öffentlich-rechtliche Streitigkeit nichtverfassungsrechtlicher Art handeln.

Der Charakter einer Streitigkeit richtet sich dabei nach der **wahren Natur des behaupteten Anspruchs.** Streitgegenstand ist hier die Frage nach der Rechtmäßigkeit der Aufhebung der vom Bundeswirtschaftsministerium bewilligten Subvention. Diese gehört dem öffentlichen Recht an, wenn auch die Bewilligung dem öffentlichen Recht angehörte (**actus contrarius**).

---

[135] An dieser Stelle bitte keinen Konjunktiv...!

100

Hier erfolgte die Bewilligung in Form eines verlorenen Zuschusses. Dabei wird die Höhe der Subvention durch VA festgesetzt und ausgezahlt. Die hier zu beurteilende Frage betrifft damit letztlich die Rechtmäßigkeit dieses VA und stellt damit eine öffentlich rechtliche Streitigkeit dar.[136] Die Streitigkeit ist auch nichtverfassungsrechtlicher Art, da keine obersten Verfassungsorgane über spezifisches Verfassungsrecht streiten. Damit ist der Verwaltungsrechtsweg nach § 40 I 1 VwGO eröffnet.

> **Hinweis**: Denkbar wäre es an dieser Stelle auch, den Verwaltungsrechtsweg direkt über die hier streitentscheidenden Normen (§§ 48, 49 VwVfG) zu begründen. Insgesamt sollten jedoch die Ausführungen – gerade in einer Klausur – nicht zu lang ausfallen.

II. Statthafte Klageart

Die Firma FRG wendet sich hier gegen den Aufhebungsbescheid des Bundeswirtschaftsministeriums und die Rückforderung des ausgezahlten Betrages. Sowohl bei der Rücknahme als auch bei der Rückforderung handelt es sich dabei um **eigenständige Regelungen**.

> **Hinweis**: An dieser Stelle ist es wichtig zu erkennen, dass es sich um zwei eigenständige Regelungen und damit auch um **zwei selbständige Verwaltungsakte** handelt. Dies hat Auswirkungen auf die weitere Prüfung (Klagehäufung sowie Aufbau der Begründetheit).

Für beide Streitgegenstände könnte jeweils die **Anfechtungsklage** gemäß § 42 I 1. Alt. VwGO die statthafte Klageart darstellen. Der **Bewilligungsbescheid** bildet zunächst den Rechtsgrund für die Firma FRG, um den ausgezahlten Betrag behalten zu können.

Da die Bewilligung selbst einen VA iSd § 35 VwVfG, also eine Regelung eines Einzelfalls auf dem Gebiet des öffentlichen Rechts darstellt, gilt dies nach Maßgabe der **Kehr-**

---

[136] Bei einem verlorenen Zuschuss hilft insoweit die Zwei-Stufen-Theorie nicht weiter, da es nur eine Stufe gibt. Siehe dazu auch *Detterbeck*, Allgemeines Verwaltungsrecht Rn 54.

seitentheorie[137] auch für deren Aufhebung durch den Aufhebungsbescheid. Durch eine Kassation dieses Bescheids würde damit die ursprüngliche Bewilligung wieder aufleben. Damit ist hier die Anfechtungsklage statthaft. Insbesondere würde es einer Verpflichtungsklage am Rechtsschutzbedürfnis fehlen, da die Firma FRG ihr Ziel bei einer erfolgreichen Anfechtungsklage automatisch erreichen würde.[138]

> **Hinweis**: Diese Ausführungen zum fehlenden Rechtsschutzbedürfnis einer Verpflichtungsklage sind nicht zwingend erforderlich. Sie können dem Korrektor aber dadurch zeigen, dass sie das Verhältnis von Anfechtungs- und Verpflichtungsklage verstanden haben. Halten Sie die Ausführungen aber in jedem Falle möglichst knapp.

Auch die **Rückforderung** selbst erfüllt die Voraussetzungen des § 35 VwVfG und stellt einen (belastenden) VA dar, (vgl. § 49a I 2 VwVfG), bei dem die **Anfechtungsklage** die statthafte Klageart ist.

III. Klagebefugnis

Die Firma FRG müsste auch **klagebefugt** im Sinne des § 42 II VwGO sein. Hier kann die Firma FRG geltend machen, durch den **Rücknahmebescheid** eventuell in ihren Rechten aus dem ursprünglichen Bewilligungsbescheid verletzt zu sein (**sog. öffentlich-rechtlicher Besitzstand**).[139] Ferner ist sie als Adressat eines belastenden VA nach Maßgabe des Adressatengedankens möglicherweise in ihren Rechten aus Art. 12, 14 und 2 I GG verletzt.

Auch für den Rückforderungsbescheid folgt die Klagebefugnis aus dem **Adressatengedanken**. Die Firma FRG ist damit klagebefugt.

---

[137] *Schütz/Dibelius*, Jura 1998, 427.

[138] Es handelt sich bei der Anfechtungsklage im Gegensatz zur Verpflichtungsklage um eine Gestaltungsklage. Es ist bei einem Erfolg der Klage also kein weiteres Handeln der verklagten Behörde mehr notwendig.

[139] *Schütz/Dibelius*, Jura 1998, 427.

102

> **Hinweis**: Auch hier sollten die Ausführungen knapp gehalten werden. Es ist allerdings stets positiv zu werten, wenn Sie auf den Adressatengedanken erst subsidiär abstellen. Insbesondere in Fällen wie diesen sollten Sie sich klar machen, dass das durch die Aufhebung beeinträchtigte Recht bereits in dem zuvor bewilligten Zuschuss selbst zu sehen ist.

IV. Vorverfahren

Laut Sachverhalt hat die Firma FRG ein Vorverfahren nicht durchgeführt. Ein solches ist grds. erforderlich, vgl. § 68 VwGO. Hier hat indes eine **oberste Bundesbehörde** gehandelt, so dass ein Vorverfahren gemäß § 68 I 2 Nr. 1 VwGO entbehrlich ist.

> **Hinweis**: Beachten Sie, dass in einigen Bundesländern ein Vorverfahren nunmehr nicht mehr überall erforderlich ist, siehe etwa Art. 15 AG VwGO **Bay**, § 16a AG VwGO **Hess**, § 80 NJG **Nds**, § 110 JustG **NRW**.

V. Frist

Die Klagefrist beträgt gemäß § 74 I VwGO einen Monat. Dabei beginnt die Frist nach § 74 I 2 VwGO mit der Bekanntgabe. Die Berechnung richtet sich nach § 57 II VwGO, 222 I ZPO, 187 I BGB. Die Bekanntgabe erfolgte hier gemäß **41 II VwVfG** nicht bereits am 16.8.2009, sondern erst am 19.8.2009. Die Frist begann folglich am 20.8.2009 0 Uhr und endete am 19.9.2009 um 24 Uhr. Die Klage wurde hier am 17.9.2009 und damit fristgerecht eingelegt.

> **Hinweis**: Diese Ausführungen könnten in einer Klausur auch länger ausfallen. Wichtig ist es jedoch, dass Sie die sogenannte Drei-Tages-Fiktion des § 41 II VwVfG kennen. Eine entsprechende Fiktion findet sich auch in § 4 I VwZG im Falle einer Zustellung.

VI. Passive Prozessführungsbefugnis

Klagegegner ist gemäß § 78 I Nr.1 VwGO die Bundesrepublik Deutschland (Rechtsträgerprinzip).

VII. Ergebnis

Die Klagen vor dem VG sind zulässig.

B. Objektive Klagehäufung (§ 44 VwGO)

Es handelt sich um **zwei eigenständige Anfechtungsklagen**. Diese sind gegen denselben Klagegegner gerichtet und stehen in einem inneren Zusammenhang. Sie können damit im Wege der objektiven Klagehäufung gemäß § 44 VwGO verbunden werden.

> **Hinweis**: Bei der Klagehäufung handelt es sich um keine Zulässigkeitsvoraussetzung. Sie sollte daher (kurz) zwischen Zulässigkeit und Begründetheit angesprochen werden.

C. Begründetheit

Die Klagen sind begründet, **soweit** die angegriffenen Bescheide rechtswidrig sind und die Firma FRG dadurch in ihren Rechten verletzt ist, § 113 I VwGO. Die Bescheide sind insoweit getrennt zu untersuchen.

I. Rechtmäßigkeit des Rücknahmebescheides

Der Rücknahmebescheid ist rechtswidrig, soweit er sich nicht auf eine wirksame Ermächtigungsgrundlage stützen lässt oder aus formellen oder materiellen Gründen rechtswidrig ist.

1. Ermächtigungsgrundlage

Eine Ermächtigungsgrundlage ist erforderlich, da durch die Rücknahme hier ein Eingriff in die Rechte der Firma FRG bewirkt wird (**Vorbehalt des Gesetzes**).

> **Hinweis**: Dieser Einführungssatz ist nicht zwingend. Sie zeigen dadurch jedoch, dass Ihnen klar ist, aus welchem staatsrechtlichen Grundsatz das Erfordernis einer gesetzlichen Grundlage folgt.

Da insoweit unionsrechtliche Grundlagen nicht ersichtlich sind, richtet sich die Aufhebung nach **nationalem Recht**.[140] Mangels sondergesetzlicher Grundlagen sind damit die §§ 48, 49 VwVfG maßgeblich. Somit ist hier zunächst festzustellen, ob § 48 VwVfG (**Rücknahme**) oder § 49 VwVfG (**Widerruf**) einschlägig ist.

> **Hinweis**: Achten Sie bitte auf die korrekte Terminologie: „Rücknahme eines rechtswidrigen VA; Widerruf eines rechtmäßigen VA." Den Oberbegriff bildet die sog. Aufhebung eines VA. Merkhilfe: Der rechtmäßige VA könnte „**wi(e)der**" ergehen, daher also „Widerruf"...

§ 48 VwVfG ist einschlägig, wenn der aufzuhebende Verwaltungsakt als rechtswidrig zu qualifizieren ist. Dabei kann sich die Rechtswidrigkeit sowohl aus nationalen Vorschriften als auch aus dem Unionsrecht selbst ergeben.

> **Hinweis**: Machen Sie sich diese Konsequenz klar: Aus dem Vorrang des Unionsrechts folgt, dass auch eine gegen Unionsrecht verstoßende nationale Maßnahme eine aus nationaler Sicht rechtswidrige Maßnahme darstellt. Zum Vorrang des Unionsrechts *Thiele*, Europarecht, § 6.

a) Nationales Recht

Ein Verstoß gegen nationales Recht kann im Bereich von Subventionen insbesondere aus einem Verstoß gegen den **Vorbehalt des Gesetzes** resultieren. Dieser verlangt jedenfalls für belastende VA eine gesetzliche Grundlage. Inwieweit dies auch für Subventionen notwendig ist, ist umstritten.

Nach der wohl überwiegenden Ansicht[141] genügt dabei als ausreichende Legitimationsgrundlage im Grundsatz eine bloß **haushaltsrechtliche Mittelbereitstellung im Haushaltsplan**. Mangels anderer Angaben im Sachverhalt ist insoweit davon auszugehen, dass dieses Erfordernis hier erfüllt ist.

> **Hinweis**: Auch diese Ausführungen sind mangels konkreter Angaben im Sachverhalt nicht zwingend. Sie zeigen jedoch, dass Sie die nationalen

---

[140] *Scheuing*, Die Verwaltung 2001, 107; EuGH EuZW 1997, 276.
[141] BVerwGE 6, 282; 48, 305; 90, 112; *Jarass*, NVwZ 1984, 473.

Grundsätze beherrschen. Sie sollten jedoch in jedem Falle kurz gehalten werden.

b) Unionsrecht

In Betracht kommt hier jedoch ein Verstoß gegen die Art. 107 und 108 AEU. Danach wacht die Kommission darüber, dass keine mit dem Gemeinsamen Markt unvereinbare Beihilfe von den Mitgliedstaaten ausgezahlt wird. Insbesondere ist die Kommission zu diesem Zweck über jede beabsichtigte Beihilfe gemäß Art. 108 III AEU zu informieren (**Notifizierungsverfahren**).[142] Da eine solche Anzeige hier laut Sachverhalt nicht stattgefunden hat, liegt jedenfalls eine formelle Unionsrechtswidrigkeit vor.

Hinweis: Es ist umstritten, ob eine solche formelle Unionsrechtswidrigkeit bereits für eine Rücknahme ausreichend ist. Darauf kommt es hier allerdings nicht an, da die Beihilfe auch materiell unionsrechtswidrig ist.

Auch materiell ist der Bewilligungsbescheid jedoch unionsrechtswidrig, wenn der bewilligte Zuschuss mit dem Gemeinsamen Markt unvereinbar ist. Bezüglich dieser Feststellung kommt der Kommission ein gewisser Beurteilungsspielraum zu. Hier hat die Kommission mit Bescheid vom 3.6.2008 festgestellt, dass die Beihilfe nicht mit dem Gemeinsamen Markt vereinbar ist.

Diese Feststellung ist dabei gemäß Art. 288 IV AEU sowohl für die Bundesrepublik als auch für die Firma FRG bindend. Diese Bindungswirkung hätte allein durch eine Nichtigkeitsklage gemäß Art. 263 IV AEU verhindert werden können. Da mittlerweile die Frist für eine solche Klage abgelaufen ist, ist die Feststellung der Kommission damit in Bestandskraft erwachsen. Ob damit tatsächlich eine wettbewerbsverfälschende Beihilfe vorliegt, die Kommissionsentscheidung also auch tatsächlich materiell rechtmäßig ergehen konnte, ist damit irrelevant. Im Ergebnis ist damit festzuhalten, dass der Bewilligungsbescheid sowohl formell als auch materiell unionsrechtswidrig ist.

---

[142] *Oppermann*, Europarecht, 3. Auflage, § 16 Rn 43 ff.

106

> **Hinweis**: Aus diesen Ausführungen wird deutlich, wie wichtig es ist, dass internationale Unternehmen auch mit dem europäischen Prozessrecht vertraut sind. Da nämlich in einer solchen Konstellation auch das betroffene Unternehmen als von der an sich an den Mitgliedstaat adressierten Entscheidung individuell betroffen anzusehen ist, muss dass Unternehmen bereits gegen diese Entscheidung nach **Art. 263 IV AEU** vorgehen. Bloßes Abwarten führt folglich zur Bestandskraft der Entscheidung, so dass diese nicht mehr aufgehoben werden kann und unabhängig von ihrer Rechtmäßigkeit die Grundlage für das weitere Vorgehen der Kommission und des jeweiligen Mitgliedstaates bildet. Zum europäischen Prozessrecht *Thiele*, Europäisches Prozessrecht, 2. Auflage 2014 sowie *Pechstein*, EU-Prozessrecht, 4. Auflage 2011.

c) Ergebnis

Der ursprüngliche Bescheid war damit materiell (unions-) rechtswidrig. Richtige Ermächtigungsgrundlage für den **Rücknahmebescheid** ist damit § 48 VwVfG.

2. Formelle Rechtmäßigkeit

Laut Sachverhalt erfolgte die Rücknahme formell ordnungsgemäß. Insbesondere erfolgte eine **Anhörung** gemäß § 28 VwVfG.

3. Materielle Rechtmäßigkeit

Der Bescheid ist materiell rechtmäßig, wenn die Voraussetzungen des § 48 VwVfG vorlagen.

a) Rücknahmevoraussetzungen, § 48 I VwVfG

Dies erfordert zunächst einen rechtswidrigen Verwaltungsakt. Diese Voraussetzung ist hier gegeben, s.o. Es handelt sich um einen **begünstigenden VA**. Damit sind gemäß § 48 I 2 VwVfG zusätzlich die Voraussetzungen der Absätze 2-4 zu beachten.

b) Vertrauensschutz nach § 48 II VwVfG

Der Bewilligungsbescheid gewährt eine einmalige Geldleistung, so dass in diesem Fall § 48 II VwVfG zu beachten ist.

Danach ist eine Rücknahme ausgeschlossen, soweit der Begünstigte (hier die Firma FRG) auf den Bestand des rechtswidrigen VAs **vertraut hat und dieses Vertrauen auch als schutzwürdig** einzustufen ist. Laut SV hat die Firma FRG auf den Bestand der Subvention vertraut. Fraglich ist indes, ob dieses Vertrauen auch schutzwürdig ist. Die Schutzwürdigkeit ist dabei grds. in einer **Abwägung mit dem öffentlichen Interesse an einer Rücknahme festzustellen.** In den Fällen des § 48 II 3 VwVfG ist hingegen die Schutzwürdigkeit von vornherein ausgeschlossen.

In Betracht kommt hier ein Ausschluss der Schutzwürdigkeit gemäß § 48 II 3 Nr. 3 Alt. 2 VwVfG. Danach ist diese ausgeschlossen, soweit die Firma FRG die ursprüngliche Rechtswidrigkeit infolge **grober Fahrlässigkeit** nicht erkannte. Eine solche besonders grobe Sorgfaltspflichtverletzung könnte hier darin gesehen werden, dass die Firma FRG sich nicht hinreichend darüber informiert hat, ob das europarechtliche Notifizierungsverfahren vom Bundeswirtschaftsministerium eingehalten wurde. Indes kann eine Firma sich grds. auf eine Genehmigung eines Bundesministeriums verlassen.

Es erscheint nicht gerechtfertigt, ihr eine Nachforschungspflicht bezüglich aller rechtlichen, insbesondere europarechtlichen Voraussetzungen aufzuerlegen.

Dies gilt grds. auch für eine europaweit tätige Firma. Insbesondere würde auf diese Weise die Verantwortung des Ministeriums mit seinem spezialisierten Mitarbeiterstab auf den einzelnen Unternehmer abgewälzt. Selbst wenn man eine Nachforschungspflicht anerkennen wollte, so könnte im Ergebnis wohl **nicht von einer groben Fahrlässigkeit gesprochen** werden.

Hinweis: Hier ist sicherlich auch eine andere Ansicht gut vertretbar. Insbesondere wird von einigen Gerichten vertreten, § 48 II 3 Alt. 2 VwVfG europarechtskonform extensiv auszulegen (OVG Münster JZ 1992, 1080) und damit eine grobe Fahrlässigkeit zu bejahen. Anders aber das BVerwG: in BVerwGE 92, 81: „...reicht für die Annahme eines besonders schweren Verstoßes gegen die Sorgfaltspflicht nicht aus." Der EuGH verlangt indes für die Gewährung von Vertrauensschutz wohl die Einhaltung des Notifizierungsverfahrens, EuGH EuR 1998, 698.

Somit bleibt es also bei der grds. Abwägung zwischen dem Bestandsinteresse und dem öffentlichen Interesse an der Rücknahme, wobei § 48 II 2 VwVfG eine Regelvermutung für die Schutzwürdigkeit enthält, soweit der Begünstigte, wie hier die Firma FRG, nicht mehr verhältnismäßig rückgängig zu machende Vermögensdispositionen getroffen hat. Diese Regelvermutung kann indes durch ein **besonders hohes öffentliches Rücknahmeinteresse** außer Kraft gesetzt werden. Hier spielt das europäische Unionsrecht eine entscheidende Rolle. Da ein Verstoß gegen Unionsrecht vorliegt, wird das öffentliche Interesse an einer Rücknahme **unionsrechtlich aufgeladen.**[143]

Es geht damit eben nicht mehr allein um fiskalische Interessen der Bundesrepublik, sondern um das Interesse an der Durchsetzung der unionsrechtlichen Wettbewerbsordnung. **Die unionsrechtlich vorgeschriebene Rückforderung darf nicht praktisch unmöglich**[144] gemacht werden.[145] Insbesondere da es an einer Bösgläubigkeit iSd § 48 II 3 VwVfG regelmäßig fehlt, wäre das Unionsinteresse an der Wahrung der im AEU-Vertrag niedergelegten Wettbewerbsordnung und an der Einhaltung der Notifizierungspflicht erheblich beeinträchtigt. Im Grundsatz gilt in solchen Fällen damit, dass sich im Ergebnis trotz der genannten Regelvermutung das öffentliche Rücknahmeinteresse durchsetzt, da es an einer Einhaltung des Notifizierungsverfahrens mangelt. Das Vertrauen der Firma FRG ist damit im Ergebnis nicht schutzwürdig.

Hinweis: An dieser Stelle zeigt sich also zum ersten Mal die konkrete Einwirkung des Europarechts auf das nationale Verwaltungsrecht. Im Ergebnis ist in der heutigen Zeit eine andere Auffassung nur noch sehr schwer vertretbar. Die fehlende Schutzwürdigkeit des Vertrauens in einer solchen Situation ist mittlerweile allgemein anerkannt.

---

[143] BVerwG NJW 1993, 2764; *Kamann/Selmayr*, JuS 1998, 148.
[144] Grundsatz des „effet utile".
[145] BVerwGE NVwZ 1995, 703.

c) Ermessensausübung

Die Entscheidung nach § 48 VwVfG steht grds. im **Ermessen** der Behörde. Hier ging das Ministerium jedoch davon aus, dass es verpflichtet sei, den Bescheid aufzuheben. Insoweit könnte ein **Ermessensfehler** in Form des **Ermessensausfalls** vorliegen. Es ist indes der bestandskräftige Beschluss der Kommission zu beachten. Aus diesem folgte für die Bundesrepublik eine unionsrechtliche Verpflichtung zur Rücknahme der unionswidrigen Beihilfe. Damit kommt es in solchen Fällen zu einer **Ermessensreduzierung auf Null**; die Behörde muss die Bewilligung zurücknehmen.

Die nationale Behörde ist in solchen Fällen nicht viel mehr als der „**verlängerte Arm**" für die Kommissionsentscheidung. Damit lag hier ausnahmsweise tatsächlich eine Verpflichtung zur Rücknahme vor. Ein Ermessensfehler ist damit nicht gegeben.

d) Rücknahmefrist des § 48 IV VwVfG

Fraglich ist jedoch, ob § 48 IV VwVfG hier einer Rücknahme entgegensteht. Danach muss die Rücknahme **innerhalb eines Jahres erfolgen,** nachdem die Behörde von Tatsachen Kenntnis erlangt, welche die Rücknahme rechtfertigen. Dabei ist zunächst fraglich, ob diese Norm im Falle reiner Rechtsirrtümer überhaupt Anwendung finden kann. Hier ging die Behörde ja bei voller Kenntnis des Sachverhalts davon aus, rechtmäßig zu handeln. Dies wird teilweise mit dem Argument bestritten, dass der Begriff „Tatsachen" nur den Fall erfasse, in welchem die Behörde nachträglich erfahre, dass ihre Entscheidung auf einen falschen Sachverhalt gestützt war.[146]

Das BVerwG ist dem indes entgegengetreten.[147] Hierfür spricht insbesondere die Ratio des § 48 IV VwVfG, der für den Betroffenen nach einer gewissen Zeit Rechtssicherheit gewährleisten will. Fielen Rechtsirrtümer jedoch nicht unter

[146] OVG Koblenz NVwZ 1984, 735.
[147] BVerwG NJW 1985, 819.

§ 48 IV VwVfG, wäre die Rücknahme in diesen Fällen praktisch völlig unbefristet auch noch nach Jahren möglich. Dies erscheint wenig sinnvoll. **Auch Rechtsirrtümer fallen damit unter § 48 IV VwVfG.** Fraglich ist jedoch ferner, wann die Frist beginnt, insbesondere ob eine Entscheidungs- oder eine Bearbeitungsfrist vorliegt. Im vorliegenden Fall ergibt sich jedoch im Ergebnis keinerlei Unterschied: Spätestens mit Bestandskraft der Kommissionsentscheidung hatte die Behörde alle notwendigen Informationen, um über die Rücknahme entscheiden zu können, denn ab diesem Zeitpunkt war sie unionsrechtlich zu einer Rücknahme verpflichtet.

Dies war am 3.6.2008 der Fall. Damit erfolgte die Rücknahme am 16.8.2009 nach rein innerstaatlichen Grundsätzen verfristet.

Hinweis: Bei der Regelung des § 48 IV VwVfG sind regelmäßig drei Probleme anzusprechen: Beginn der Frist, Begriff der Tatsachen und die Frage auf wessen Kenntnis abzustellen ist. Siehe dazu *Frenz*, Öffentliches Recht Rn 603. Hier war letztlich aufgrund des bestandskräftigen Beschlusses der Kommission nur das zweite Problem (Tatsachenbegriff) etwas ausführlicher anzusprechen.

An dieser Stelle sind indes erneut die Einwirkungen des Unionsrechts zu beachten. So könnte in solchen Fällen etwa die Durchsetzung des Unionsrechts durch bewusstes Zusammenwirken von Behörde und Empfänger praktisch unmöglich gemacht werden. Die **praktische Wirksamkeit des Unionsrechts** wäre gefährdet. Der EuGH hat daher festgestellt, dass in Fällen, in denen das Notifizierungsverfahren nicht eingehalten wurde, § 48 IV VwVfG keine Anwendung finden kann.[148] § 48 IV VwVfG sei letztlich Ausdruck der Rechtssicherheit und stehe daher im Zusammenhang mit Vertrauensgesichtspunkten. Und schutzwürdiges Vertrauen sei angesichts des Fehlens des Notifizierungsverfahrens nicht anzuerkennen.

Auch § 48 IV VwVfG bilde daher in den Fällen mit unionsrechtlichem Einschlag **keine Rücknahmeschranke**. Auf-

---

[148] EuGH EuZW 1997, 276.

grund des Kommissionsbeschlusses stand fest, dass die Bundesrepublik verpflichtet war, den Bescheid aufzuheben. Ab diesem Zeitpunkt bestand somit in keiner Weise mehr Rechtsunsicherheit für den Empfänger der Subvention. Vielmehr lag mit dem Kommissionsbeschluss eine Art „verbriefte Rechtssicherheit" bezüglich der Rücknahme vor. Damit ist im Ergebnis die Frist des § 48 IV VwVfG in solchen Fällen nicht anwendbar.

Hinweis: An dieser Stelle zeigt sich der Einfluss des Europarechts in besonderer Weise. In einer Klausur kann an dieser Stelle mit entsprechender Begründung auch eine andere Ansicht vertreten werden. Erforderlich ist es jedoch, sich ausführlich mit der Ansicht des EuGH auseinander zu setzen.

---

e) Verstoß gegen Treu und Glauben

Fraglich ist, ob hier nicht der **Grundsatz von Treu und Glauben** einer Rücknahme entgegensteht. Dies könnte hier aufgrund der überwiegenden Verantwortlichkeit des Ministeriums für die Rechtswidrigkeit der Beihilfe der Fall sein. Auch insoweit muss jedoch die **Effektivität des Unionsrechts** berücksichtigt werden. Hier verlangt die bestandskräftige Kommissionsentscheidung eine Rücknahme. Wer für die Auszahlung letztlich verantwortlich ist, ist damit unerheblich.[149]

4. Ergebnis

Der Rücknahmebescheid ist folglich rechtmäßig. Die Klage gegen diesen hat keine Aussicht auf Erfolg.

II. Rechtmäßigkeit der Rückforderung

Auch die Rückforderung bedarf einer Rechtsgrundlage, von der ordnungsgemäß Gebrauch gemacht worden sein muss.

---

[149] Siehe auch BVerwG NVwZ 1995, 703; EuGH JZ 1997, 722.

1. Rechtsgrundlage

Als Rechtsgrundlage kommt hier § 49a VwVfG in Betracht. Danach sind erbrachte Leistungen im Falle einer Rücknahme mit Wirkung für die Vergangenheit zu erstatten. Die Höhe der Erstattung ist durch VA festzusetzen, § 49a I 2 VwVfG.

2. Formelle Rechtmäßigkeit

Die Behörde, die die Subvention bewilligt hat, ist auch für deren Rücknahme zuständig. Darüber hinaus ist auch die Verbindung von Rücknahme und Rückforderung unproblematisch zulässig.[150] Sonstige Verfahrensfehler sind nicht ersichtlich.

3. Materielle Rechtmäßigkeit

Materiell darf eine Erstattungspflicht nur in der Höhe postuliert werden, in der auch der Bewilligungsbescheid aufgehoben wurde. Da dieser hier in voller Höhe zurückgenommen wurde, konnte somit auch eine Erstattung in voller Höhe erfolgen. Fraglich ist allein, ob die Firma sich hier **auf Entreicherung gemäß § 49a II VwVfG iVm § 818 III BGB** berufen kann. Laut Sachverhalt hat die Firma FRG die Subvention vollständig verbraucht. Indes ist auch hier der **europarechtliche Einschlag** zu beachten.

Eine mögliche Berufung auf Entreicherung würde hier erneut die einheitliche Geltung des Unionsrechts gefährden. Unabhängig von der Frage, ob tatsächlich eine Entreicherung vorliegt, ist ein solcher Einwand jedenfalls in diesen Fällen ausgeschlossen.

Hinweis: Die Ausführungen wurden hier kurz gehalten, da es sich letztlich um die gleichen Erwägungen handelt, die bereits oben angesprochen wurden.

4. Ergebnis

Auch der Rückforderungsbescheid ist rechtmäßig.

---

[150] *Sachs*, in: Stelkens/Bonk/Sachs, VwVfG, § 49a Rn 35.

D. Gesamtergebnis

Beide Verwaltungsakte sind vollständig rechtmäßig. Eine Klage der Firma FRG ist daher zwar zulässig aber in vollem Umfang unbegründet.

Hinweis (examensrelevant!)

Eine interessante Variante dieses Falls stellt die Konstellation dar, in der die Beihilfe ihre Rechtsgrundlage nicht in einem Verwaltungsakt, sondern in einem **öffentlich-rechtlichen Vertrag** findet. Sofern auch dort das Notifizierungsverfahren nicht eingehalten wurde, stellt sich die Frage, auf welchem Wege die Behörde die Beihilfe nunmehr zurückverlangen kann.

Zu denken wäre zunächst ebenfalls an eine **Rückforderung durch Verwaltungsakt**. Allerdings ist zu beachten, dass der Erlass eines solchen Verwaltungsaktes einer gesetzlichen Rechtsgrundlage bedarf. Eine solche ist jedoch nicht ersichtlich. Sie folgt insbesondere nicht etwa bereits aus dem Kommissionsbeschluss iVm dem Rechtsstaatsprinzip. Eine solche Konstruktion verstieße gegen den **Vorbehalt des Gesetzes**. Aufgrund der durch den öffentlich-rechtlichen Vertrag begründeten Gleichstellung zwischen Behörde und Beihilfenempfänger wird man daher sagen müssen, dass eine **VA-Befugnis der Behörde grds. nicht besteht**.

Will die Behörde die Beihilfe also zurückfordern ist sie – sofern der Beihilfeempfänger sich weigert – auf den Verwaltungsrechtsweg angewiesen. Sie muss also klagen. Eine solche Klage kann sich indes sehr lange hinziehen und bis zu diesem Zeitpunkt kann der Beihilfeempfänger die erhaltene Beihilfe grds. zunächst einmal behalten. Aus der Sicht des Unionsrechts ist dies eine sehr missliche Lage, da die Beihilfe ja eine Wettbewerbsverzerrung bewirkt. Damit stellt sich nunmehr die Frage, ob die Behörde eine Möglichkeit hat, schon für die Zeit des Prozesses die Beihilfe (vorläufig) zurückzuverlangen. Zu denken ist dabei an **den vorläufigen Rechtsschutz gemäß § 123 VwGO**, der auch für die Behörde gilt. Sie müsste also einen entsprechenden Antrag bei Gericht stellen. Angesichts des bestandskräftigen Beschlusses der Kommission liegt auch ein hinreichender Antragsanspruch und Antragsgrund vor, so dass für das Gericht wohl eine unionsrechtliche Verpflichtung zum Erlass einer solchen Anordnung besteht.

114

Familie L hat bei der Firma Sonnenschein und Co. im Juni 2012 eine Pauschalreise nach Tunesien gebucht. Nachdem bereits eine Woche problemlos verlaufen ist, erfährt sie aus einer überregionalen deutschen Zeitung, dass die Firma Sonnenschein und Co. zahlungsunfähig geworden ist und daher die Rückreise und auch den weiteren Aufenthalt ihrer Reisenden finanziell nicht leisten könne. Familie L ist entsetzt. Zwangsläufig bricht sie ihren Urlaub ab und bucht auf eigene Kosten einen Rückflug nach Deutschland. Ihr Versuch, die Kosten in Höhe von 2.500 Euro anschließend von Sonnenschein und Co. zurückzuerhalten, scheitern angesichts der weiterhin bestehenden Zahlungsunfähigkeit.

Familie L entdeckt kurze Zeit später jedoch eine europäische Richtlinie, die an sich bis zum Jahre 2010 vom deutschen Gesetzgeber umzusetzen war. In dieser Richtlinie war unter anderem vorgesehen, dass die Mitgliedstaaten dafür Sorge tragen, dass dem Pauschalreisenden notwendige Aufwendungen, die diesem infolge Zahlungsunfähigkeit oder Konkurses entstehen, erstattet werden. Auf welche Weise die Mitgliedstaaten für eine solche Erstattung sorgen, war diesen freigestellt. Angedacht waren in der Richtlinie unter anderem ein besonderes Versicherungssystem in welches die Reiseunternehmen einzahlen müssen oder aber eine Verpflichtung der Reiseunternehmen, den Reisenden bereits vor Reiseantritt entsprechende Sicherheiten im Falle eines Konkurses zu gewähren. Die gesamte Richtlinie ist vom deutschen Gesetzgeber bisher nicht umgesetzt worden.

Die Familie L will daher gegen die Bundesrepublik vorgehen und verlangt von dieser ihre Aufwendungen ersetzt. Es sei schließlich nicht ihre Schuld, dass der Gesetzgeber seine Aufgaben nicht erfülle. Sie beauftragt daher einen befreundeten Europarechtler ihnen mitzuteilen, ob ihnen ein entsprechender Anspruch tatsächlich zustehe.

Als dieser bei der Bundesrepublik anfragt, wie ihre Position in dieser Frage aussieht, erhält er nur den Hinweis, dass die fehlende Umsetzung tatsächlich bedauerlich sei, sich hieraus jedoch keine weiteren Rechte der Familie L ergeben würden, zumal dem Bundestag angesichts seiner vielen Aufgaben doch wohl kein Verschulden angelastet werden könne. Im Übrigen sei die in der Richtlinie vorgesehene Umsetzungsfrist viel zu kurz bemessen gewesen. Eine fristgemäße Umsetzung sei insofern ohnehin nicht möglich gewesen.

1. Erstellen Sie das verlangte Gutachten und beantworten Sie die Frage, ob Familie L einen Anspruch gegen die Bundesrepublik auf Zahlung von 2.500 Euro hat!

2. Sofern Ansprüche bestehen: In welchem Rechtsweg wären diese geltend zu machen?

Fall angelehnt an EuGH verb Rs. C- 178-179/94 und C- 188-190/94, Slg. 1996, I-4845 (vereinfacht).

LÖSUNG FALL 9: WAR DAS DIE REISE WERT?

Vorüberlegung: Dieser mittelschwere Fall behandelt den mitgliedstaatlichen Staatshaftungsanspruch, den der EuGH ohne eine ausdrückliche Rechtsgrundlage aus dem effet-utile Gedanken entwickelt hat. Die Frage, ob dies eine noch zulässige Rechtsfortbildung oder bereits eine unzulässige Rechtssetzung ist, war daher vor allem in der Anfangszeit höchst umstritten. Mittlerweile sind diese Grundsätze jedoch allgemein anerkannt. Sie müssen daher auch dem Pflichtfachkandidaten bekannt sein, da der mitgliedstaatliche Staatshaftungsanspruch unter Umständen zu gewissen Modifikationen auch des nationalen Staatshaftungsrechts führt. Überblick dazu bei *Thiele*, Europarecht, § 9. Ausführlich *Thiele*, Haftungsrecht, in: Terhechte, Verwaltungsrecht der EU, 2017, § 40.

A. Beantwortung der ersten Frage

Mit der ersten Frage möchte Familie L wissen, ob sie einen Anspruch gegen die Bundesrepublik auf **Ersatz ihrer Aufwendungen** in Höhe von 2.500 Euro hat. Ein solcher Anspruch kommt dabei zunächst unmittelbar aus der Richtlinie in Betracht (I). Sofern dies nicht der Fall ist, sind nationale (II) und anschließend europäische (III) Staatshaftungsansprüche zu untersuchen.

I. Anspruch direkt aus der Richtlinie

Möglicherweise ergibt sich ein Anspruch der Familie L unmittelbar aus der Richtlinie selbst. Dies setzt voraus, dass die Richtlinie ausnahmsweise eine unmittelbare Wirkung entfaltet.

> **Hinweis**: Beachten Sie, dass Sie den Anspruch unmittelbar aus der Richtlinie vor möglichen Staatshaftungsansprüchen prüfen müssen. Sofern ein solcher Anspruch besteht, scheiden sekundäre Staatshaftungsansprüche aus, da der primäre Anspruch aus der Richtlinie einen weitergehenden Schaden ausschließt.

1. Voraussetzungen einer unmittelbaren Wirkung

Grds. entfalten Richtlinien **keine unmittelbare Wirkung** im innerstaatlichen Rechtssystem. Erforderlich ist vielmehr regelmäßig die Umsetzung der Richtlinienbestimmungen in nationales Recht.[151] Dies folgt aus der Überlegung, dass Richtlinien nach Art. 288 II AEU ausschließlich an die Mitgliedstaaten adressiert sind und allein diese verpflichten, die Bestimmungen in nationales Recht umzusetzen; es handelt sich bei der Richtlinie damit um einen zweistufigen Rechtsakt, der dem deutschen Rahmengesetz vergleichbar ist.[152]

Um die **praktische Wirksamkeit des Unionsrechts** zu gewährleisten, anerkennt der EuGH jedoch unter gewissen Voraussetzungen **auch eine unmittelbare Wirkung von Richtlinien**, die es dem Einzelnen ermöglicht, sich jedenfalls gegenüber dem Staat unmittelbar auf Rechte aus der Richtlinie zu berufen.[153] Eine solche unmittelbare Wirkung setzt dabei nach der Rechtsprechung des EuGH voraus, dass

- die Umsetzungsfrist abgelaufen ist und
- dass die sich aus der Richtlinie ergebenden Rechte des Einzelnen hinreichend bestimmt und unbedingt sind.

Der zweite Punkt setzt damit voraus, dass sich allein aus der in Frage kommenden Richtlinienbestimmung selbst ergibt, welchen Inhalt das von ihr vermittelte Recht hat und wer dabei als Berechtigter und auch als Verpflichteter anzusehen ist.

2. Anwendung dieser Grundsätze auf den Fall L

Fraglich ist damit, ob die soeben aufgestellten Voraussetzungen im vorliegenden Fall erfüllt sind. Laut Sachverhalt ist die Umsetzungsfrist abgelaufen, ohne dass die Bundesrepublik die Bestimmungen in nationales Recht umgesetzt hätte. **Fraglich ist indes, ob sich die Rechte des einzelnen**

---

[151] *Hobe*, Europarecht Rn 140.
[152] Konsequenterweise bezeichnete der Europäische Verfassungsvertrag die bisherige Richtlinie in Art. I-33 II EVV nunmehr als Europäisches Rahmengesetz. Im Vertrag von Lissabon ist diese Differenzierung wieder aufgegeben worden.
[153] Siehe etwa EuGH Rs. 148/78, Slg. 1979, 1629, 1642; Rs. 8/81, Slg. 1982, 53.

Pauschalreisenden auch hinreichend bestimmt und unbedingt aus der Richtlinie ergeben.

In der Richtlinie ist festgelegt, dass Pauschalreisende mögliche Aufwendungen, die sich aus der Zahlungsunfähigkeit des Reiseleiters ergeben erstattet bekommen müssen. Insofern sind die Berechtigten (die Pauschalreisenden) und auch das jeweilige Recht (Erstattung der Aufwendungen) aus der Richtlinie klar ersichtlich. Weniger eindeutig ist jedoch die Frage, wer als Verpflichteter eines solches Anspruchs anzusehen ist. **Die Richtlinie ist diesbezüglich nicht eindeutig**, sondern überlässt ausdrücklich den Mitgliedstaaten die Entscheidung, mit welchen Mitteln sie für die Gewährung des genannten Rechts Sorge tragen wollen. Genannt werden sogar zwei verschiedene mögliche Modelle, bei denen der Verpflichtete jeweils ein anderer ist. Daraus folgt, dass der genannten Richtlinienbestimmung im Ergebnis keine unmittelbare Wirkung zukommt. Da der potenzielle Verpflichtete des Anspruchs nicht eindeutig erkennbar ist, kann sich Familie L **nicht auf die Richtlinie berufen**.

3. Ergebnis zum Richtlinienanspruch

Ein Anspruch unmittelbar aus der Richtlinie scheidet aus. Zu untersuchen sind daher noch mögliche Sekundäransprüche.

II. Anspruch aus (rein nationaler) Amtshaftung gemäß § 839 BGB iVm Art. 34 GG

Möglicherweise hat Familie L jedoch einen Anspruch aus **nationaler Amtshaftung** gemäß § 839 BGB iVm Art. 34 GG.

Hinweis: Im Folgenden wird zunächst der **rein nationale Amtshaftungsanspruch** ohne die Einwirkungen des Unionsrechts geprüft. Erst im Anschluss daran wird untersucht, ob der unionsrechtliche Staatshaftungsanspruch zu einem anderen Ergebnis führt. Es wäre mittlerweile indes durchaus zulässig, bereits bei der Darstellung des Amtshaftungsanspruchs die Einwirkungen des Europarechts darzulegen und den nationalen Amtshaftungsanspruch entsprechend zu modifizieren. Dies hat sicherlich eine gewisse Zeitersparnis für sich und bietet sich insoweit in

Klausuren an. Eine getrennte Prüfung ist etwas zeitaufwendiger, fällt aber ob der klaren Trennung zwischen Unionsrecht und nationalem Recht unter Umständen im Aufbau etwas leichter.

1. Ausübung eines öffentlichen Amtes

Der Amtshaftungsanspruch setzt zunächst voraus, dass **„jemand" in Ausübung eines öffentlichen Amtes** gehandelt hat. Der Begriff „jemand" in Art. 34 GG hebt dabei nicht auf die Stellung des Handelnden, sondern auf die Rechtsnatur der von ihm wahrgenommenen Aufgabe ab.[154] Ein solcher **„Beamter im haftungsrechtlichen Sinne"** ist damit jede natürliche Person, deren Tätigkeit dem hoheitlichen Funktionskreis zuzuordnen ist.[155] Im vorliegenden Fall geht es um die Untätigkeit des Gesetzgebers und damit der **Parlamentsabgeordneten.** Die einzelnen Abgeordneten befinden sich gemäß Art. 48 II 1 GG in einem öffentlich-rechtlichen Mandatsverhältnis, das sich als öffentlich-rechtliches Amtsverhältnis darstellt.[156] Auch der Gesetzgeber, personifiziert in der Summe der einzelnen Abgeordneten **nimmt mithin ein öffentliches Amt iSd Amtshaftungsrechts** wahr.[157]

Hinweis: In einer Klausur sind diese Ausführungen völlig ausreichend. In der Literatur wird hingegen die Amtswaltereigenschaft der Parlamentsabgeordneten teilweise bestritten. In einer Hausarbeit sollten Sie auf diesen Streit kurz eingehen. Umfassend zum Amtshaftungsanspruch auch *Thiele*, Staatshaftungsrecht, 3. Aufl. 2015.

Die schädigende Handlung müsste auch in Ausübung der öffentlichen Tätigkeit vorgenommen worden sein. Im vorliegenden Fall liegt der Vorwurf gerade im **Unterlassen** einer (vermeintlich) zwingend erforderlichen öffentlichen Handlung, nämlich der Umsetzung einer europäischen Richtlinie. In solchen Unterlassungsfällen liegt der erforderliche Bezug zwischen schädigender Handlung und öf-

---

[154] *Detterbeck/Windthorst/Sproll*, Staatshaftungsrecht, § 9 Rn 4.
[155] BGHZ 118, 304 (305); *Maurer*, Allgemeines Verwaltungsrecht, § 26 Rn 12.
[156] *Detterbeck/Windthorst/Sproll*, Staatshaftungsrecht, § 9 Rn 12.
[157] *Maurer*, Allgemeines Verwaltungsrecht, § 26 Rn 13; OLG *Hamburg* DÖV 1971, 238.

120

fentlichem Amt vor, da der Vorwurf gerade darin liegt, die notwendige öffentliche Handlung unterlassen zu haben.

> **Hinweis**: Die Voraussetzung einer Schädigung „in Ausübung" des öffentlichen Amtes will die Verbindung zwischen schädigender Handlung und der hoheitlichen Aufgabe sicherstellen. Daran kann es fehlen, wenn das Verhalten des Amtswalters überwiegend durch **sachfremde persönliche Gründe motiviert** erscheint.[158] Sofern eine Unterlassung vorgeworfen wird, bestehen hingegen an dem Zusammenhang grds. keinerlei Zweifel.

2. Verletzung einer drittgerichteten Amtspflicht

Weitere Voraussetzung eines Amtshaftungsanspruchs bildet die Verletzung einer drittgerichteten (b) Amtspflicht (a).

a) Amtspflichtverletzung

Durch das Unterlassen der Umsetzung müsste der Gesetzgeber zunächst eine **Amtspflicht** verletzt haben. Amtspflichten sind persönliche Verhaltenspflichten des Amtswalters in Bezug auf seine Amtsführung und bestehen allein **im Innenverhältnis zwischen Dienstherr und Amtswalter**.[159] Im Laufe der Zeit hat die Rechtsprechung zahlreiche solche Amtspflichten herausgearbeitet. Eine der bedeutendsten ist in diesem Zusammenhang die **Amtspflicht zu rechtmäßigem Verhalten**.[160] Im vorliegenden Fall könnte der Gesetzgeber unrechtmäßig gehandelt haben, indem er es unterließ, die Richtlinie fristgemäß in nationales Recht umzusetzen. In einem solchen Unterlassen liegt dann eine Amtspflichtverletzung, wenn eine **Pflicht zur Vornahme der unterlassenen Handlung** bestand. Eine solche Umsetzungspflicht folgt in diesem Fall aus der Regelung des Art. 288 II AEU.

---

[158] *Thiele*, Staatshaftungsrecht, S. 28.
[159] *Detterbeck/Windthorst/Sproll*, Staatshaftungsrecht, § 9 Rn 56.
[160] *Stein/Itzel/Schwall*, Praxishandbuch des Staats- und Amtshaftungsrechts Rn 39 ff.

Sie verpflichtet die Mitgliedstaaten, europäische Richtlinien fristgemäß umzusetzen.[161] Da im vorliegenden Fall eine solche Umsetzung nicht erfolgt ist, hat der Gesetzgeber seine **Amtspflicht zu rechtmäßigem Verhalten verletzt.**

Dass es sich in diesem Fall um eine Verletzung von Unionsrecht handelt, ändert an dieser Tatsache nichts. Das EU-Recht ist über das nationale Zustimmungsgesetz zum EU- und AEU-Vertrag Bestandteil der nationalen Rechtsordnung geworden und daher von allen staatlichen Stellen bei der Amtspflicht zu rechtmäßigem Verhalten zu beachten. Auch das mögliche Bestehen eines europäischen Staatshaftungsanspruchs schließt die Anwendbarkeit des deutschen Amtshaftungsrechts nicht aus. Zwischen diesen Anspruchsgrundlagen ist vielmehr **Idealkonkurrenz** anzunehmen. Sie können also nebeneinander bestehen, ohne dass dies zu einer Extension des Haftungsumfangs führen würde.[162]

b) Drittgerichtetheit der verletzten Amtspflicht

Der verletzten Amtspflicht muss zudem **drittschützende Wirkung** zukommen. Die Amtspflicht muss also zumindest auch dem Geschädigten gegenüber bestanden haben und dessen Schutz bezwecken.[163] Damit ergibt sich, dass die Frage des Drittschutzes insgesamt **dreistufig zu prüfen** ist: Zunächst ist zu klären, ob der Amtspflicht überhaupt Drittschutz zukommt. Sofern dies der Fall ist, ist anschließend zu ermitteln, ob der Geschädigte vom geschützten Personenkreis umfasst ist und schließlich, ob das betroffene Interesse ebenfalls von der Drittwirkung umfasst wird.[164]

---

[161] Teilweise wird zur Begründung der Umsetzungspflicht zusätzlich auf Art. 4 III EU zurückgegriffen. Nach richtiger Auffassung folgt diese jedoch bereit unmittelbar aus der Regelung des Art. 288 II AEU, da eine Richtlinie ihre Wirkung grds. nur nach einer Umsetzung entfalten kann.

[162] *Detterbeck/Windthorst/Sproll*, Staatshaftungsrecht, § 9 Rn 67.

[163] *Maurer*, Allgemeines Verwaltungsrecht, § 26 Rn 19.

[164] *Maurer*, Allgemeines Verwaltungsrecht, § 26 Rn 19.

Zunächst ist damit zu klären, ob der in diesem Zusammenhang verletzten Amtspflicht zu rechtmäßigem Verhalten überhaupt **Drittwirkung zukommt**. Zu beachten ist, dass es sich hier um die Unterlassung eines an sich notwendigen **Gesetzeserlasses** handelt. Es handelt sich folglich um eine Pflichtverletzung, die im Zusammenhang mit der parlamentarischen Rechtsetzung steht (**sog. normatives Unrecht**). Nach der Auffassung des BGH und auch der überwiegenden Ansicht in der Literatur entfalten diese Amtspflichten indes grds. keine Drittwirkung, da der Gesetzgeber in diesen Fällen nicht im Interesse Einzelner, sondern vielmehr im Interesse der Allgemeinheit tätig werde. Dies folge aus dem generell-abstrakten Charakter der zu erlassenden Rechtsnormen.[165] Bis auf einige Ausnahmen, insbesondere für **Bebauungspläne und Maßnahmegesetze**, müsse daher ein Amtshaftungsanspruch des Einzelnen abgelehnt werden.

Auch im vorliegenden Fall muss daher ein nationaler Amtshaftungsanspruch mangels Drittwirkung der verletzten Amtspflicht ausscheiden.

Hinweis: *Maurer* weist zu Recht darauf hin, dass diese Rechtsprechung bereits im Ansatz verfehlt ist, da sie fälschlicherweise auf die Drittwirkung der erlassenen Rechtsnorm und nicht auf die Drittwirkung der verletzten Pflicht abstellt.[166] Verstößt der Gesetzgeber also etwa gegen Grundrechte, so sind diese offensichtlich drittschützenden Grundrechte entscheidend und nicht das generell-abstrakt geltende Gesetz, welches erlassen wurde. Insofern kommt auch im vorliegenden Fall eine Drittwirkung in Betracht, da die nicht umgesetzte Richtlinienbestimmung durchaus Drittschutz für betroffene Pauschalreisende entfalten sollte. Der wahre Grund für die Ablehnung des Amtshaftungsanspruchs in diesen Fällen dürfte daher wohl eher in den oftmals **nicht vorhersehbaren Folgen für die nationalen Staatsfinanzen** liegen. In einer Klausur genügt es indes, die gefestigte Auffassung des BGH zu nennen und dieser auch zu folgen. Um die nunmehr darzustellenden Einwirkungen des Europarechts auf das nationale Haftungsrecht darzustellen, ist dies ohnehin der elegantere Weg.

---

[165] BGHZ NJW 1997, 123 (124).
[166] *Maurer*, Allgemeines Verwaltungsrecht, § 26 Rn 51.

3. Ergebnis

Nach rein innerstaatlichen Grundsätzen besteht mangels der Drittwirkung der verletzten Amtspflicht **kein Amtshaftungsanspruch.**

III. Unionsrechtlicher Haftungsanspruch

Möglicherweise steht der Familie L jedoch ein Anspruch gegen die Bundesrepublik nach unionsrechtlichen Grundsätzen zu.

1. Rechtsgrundlage des Anspruchs

Eine **ausdrückliche Rechtsgrundlage** für den gemeinschaftsrechtlichen Staatshaftungsanspruch **findet sich im AEU-Vertrag nicht.** Allerdings hat der Gerichtshof, ausgehend von dem Fall der fehlenden Umsetzung einer europäischen Richtlinie,[167] festgestellt, dass die **praktische Wirksamkeit** des Unionsrechts gefährdet wäre, wenn der Einzelne nicht die Möglichkeit hätte, Schäden, die ihm durch unionswidriges Handeln eines Mitgliedstaates entstanden sind, ersetzt zu bekommen. Ergänzend zog der Gerichtshof bei der Entwicklung dieses allgemeinen Staatshaftungsanspruchs zudem Art. 4 III EU sowie Art. 340 II AEU heran, aus denen sich ein allgemeiner Rechtsgrundsatz ergebe, wonach jeder Träger öffentlicher Gewalt die Schäden ersetzen müsse, die er in Ausübung seiner hoheitlichen Tätigkeit Dritten rechtswidrig zugefügt hat.[168]

Aufgrund der erheblichen finanziellen Auswirkungen eines solchen ungeschriebenen Staatshaftungsanspruchs auf die einzelnen Mitgliedstaaten war diese Rechtsprechung vor allem in der Anfangszeit äußerst umstritten.[169] Vorgeworfen wurde dem EuGH insbesondere, in diesem Fall die Grenze von noch zulässiger **Rechtsfortbildung** zu unzulässiger **Rechtsetzung** überschritten zu haben.

---

[167] Siehe EuGH verb. Rs. C-6/90 und C-9/90, Slg. 1991, I-5357.
[168] *Fischer*, Europarecht Rn 250.
[169] Dazu *Jarass*, NJW 1994, 881 ff.

Aufgrund der Tatsache, dass die Mitgliedstaaten im Rahmen der folgenden Vertragsrevisionen einem solchen Anspruch des Einzelnen jedoch nicht ausdrücklich entgegengetreten sind, muss heute davon ausgegangen werden, dass diese Rechtsprechung auch von den einzelnen Mitgliedstaaten nunmehr akzeptiert wird.

Wegen der zahlreichen nationalen Folgeurteile, die einen solchen Anspruch zum Gegenstand hatten, ist damit davon auszugehen, dass der unionsrechtliche Staatshaftungsanspruch als allgemeiner Rechtsgrundsatz des Unionsrechts anerkannt ist. Umstritten ist gegenwärtig lediglich die **dogmatische Einordnung** dieses Anspruchs. Fraglich ist, ob es sich um einen eigenständigen, im Primärrecht der Union begründeten Anspruch handelt, der vollständig neben dem deutschen Amtshaftungsanspruch steht, oder ob es sich lediglich um Vorgaben handelt, nach denen der national bestehende Anspruch ausgerichtet werden muss.

Nach der letztgenannten Ansicht müsste also der unionsrechtliche Anspruch in den deutschen Amtshaftungsanspruch integriert werden und würde dort die Auslegung der einzelnen Tatbestandsmerkmale modifizieren. **Für den konkreten Anspruch des Einzelnen sind diese Fragen indes ohne Belang.**

Sofern die vom EuGH herausgearbeiteten Tatbestandsvoraussetzungen erfüllt sind, muss der Einzelne seinen Schaden ersetzt bekommen. Auf welche Weise dies geschieht, spielt für den EuGH dabei keine Rolle. Im Übrigen muss auch die Auffassung, die einen völlig eigenständigen Anspruch annimmt dort auf das gegebene nationale Recht zurückgreifen, wo der unionsrechtliche Anspruch Lücken aufweist. Dies gilt etwa für die Frage des richtigen Anspruchsgegners oder des zu wählenden Rechtswegs. Die Unterschiede der genannten Auffassungen sind also ohnehin äußerst marginal.

Die damit also für den Anspruch allein **entscheidenden Voraussetzungen**, die der EuGH aufgestellt hat, sind die folgenden:

- Verstoß des Mitgliedstaats gegen eine zumindest auch individualschützende Norm;
- hinreichend qualifizierter Verstoß;
- kausaler Schaden beim Betroffenen.

> **Hinweis**: Diese Ausführungen können in einer Klausur sicherlich auch etwas kürzer ausfallen. Da es jedoch keine geschriebene Rechtsgrundlage im AEU-Vertrag gibt, sollten Sie immer kurz etwas zur Entwicklung des unionalen Staatshaftungsanspruchs sagen.

2. Verstoß gegen individualschützende Norm

Zunächst müsste Deutschland gegen eine zumindest auch **individualschützende Norm** verstoßen haben. Für den Fall einer nicht umgesetzten Richtlinie setzt dies voraus, dass die umzusetzende Richtlinienbestimmung auf die Verleihung eines hinreichend bestimmbaren subjektiven Rechts abzielen muss.[170] Im vorliegenden Fall zielt die Richtlinie darauf ab, dass die Mitgliedstaaten dafür Sorge tragen, dass Pauschalreisende ihre Aufwendungen, die sie im Zusammenhang mit der Zahlungsunfähigkeit ihres Veranstalters hatten, ersetzt bekommen. Ziel einer solchen Bestimmung ist offensichtlich der **Schutz des Pauschalreisenden als Verbraucher**. Es soll sichergestellt werden, dass diese nicht auf ihren Schäden sitzen bleiben. Aus diesen Überlegungen folgt, dass die Richtlinienbestimmung zumindest auch auf die Verleihung subjektiver Rechte betroffener Pauschalreisender abzielt.

Gegen diese Bestimmung müsste der Mitgliedstaat auch **verstoßen haben**. Im Falle einer Richtlinie liegt ein Verstoß jedenfalls dann vor, wenn der Mitgliedstaat nicht innerhalb der gesetzten Umsetzungsfrist ein entsprechendes nationales subjektives Recht gewährleistet, also die Richtlinie

---

[170] Vgl. EuGH verb Rs. C-178-179/94 und C- 188-190/94, Slg. 1996, I-4845 Rn 33.

126

umsetzt. Laut Sachverhalt war die Richtlinie bis zum Jahre 2010 umzusetzen. Da dies auch im Jahre 2012 noch nicht geschehen ist, liegt folglich auch ein relevanter Verstoß durch die Bundesrepublik vor.

Fraglich ist, ob sich an dieser Einschätzung etwas aufgrund des Einwands ändert, wonach die **Umsetzungsfrist** in diesem Fall **viel zu kurz** bemessen worden sei, eine Umsetzung also gar nicht fristgemäß möglich gewesen wäre. Zu beachten ist indes, dass die Mitgliedstaaten, die die Umsetzungsfrist als zu kurz betrachten, die Möglichkeit haben, auf Unionsebene die notwendigen Schritte einzuleiten, um auf eine notwendige Verlängerung der Frist hinzuwirken.[171] Sofern die Frist tatsächlich objektiv zu kurz bemessen ist, werden sich zwangsläufig auch die anderen Mitgliedstaaten mit einer Fristverlängerung einverstanden erklären und die Richtlinie entsprechend abändern. Sonstige innerstaatliche Umsetzungsprobleme vermögen eine nicht fristgerechte Umsetzung hingegen nicht zu rechtfertigen.[172] Dies wäre eine zu starke Beeinträchtigung der praktischen Wirksamkeit des Unionsrechts. **Es bleibt mithin bei einem Verstoß aufgrund der nicht erfolgten nationalen Umsetzung.**

3. Hinreichend qualifizierter Verstoß

Allein der Verstoß gegen eine individualschützende Norm ist indes für den unionsrechtlichen Anspruch nicht ausreichend. Der Verstoß muss vielmehr eine gewisse Qualität erreichen: Er muss **hinreichend qualifiziert** sein.[173] Dieses begrenzende Erfordernis ergibt sich aus der Heranziehung des Rechtsgedankens aus Art. 340 II AEU. **Es soll verhindern, dass die mitgliedstaatliche Staatshaftung zu stark ausufert.**

---

[171] EuGH verb Rs. C-178-179/94 und C- 188-190/94, Slg. 1996, I-4845 Rn 54.
[172] EuGH verb Rs. C-178-179/94 und C- 188-190/94, Slg. 1996, I-4845 Rn 53.
[173] Dazu ausführlich *Detterbeck/Windthorst/Sproll*, Staatshaftungsrecht, § 6 Rn 35 ff.

Ein solcher Verstoß ist dabei nur dann anzunehmen, wenn der Mitgliedstaat offenkundig und erheblich gegen das Unionsrecht verstoßen hat.[174] Es darf mit anderen Worten kein vernünftiger Zweifel an der Unerlaubtheit des Vorgehens möglich sein. Ob ein solch qualifizierter Verstoß tatsächlich gegeben ist, **obliegt dabei dem jeweils zuständigen nationalen Gericht.**[175] Der EuGH hat indes im Laufe der Zeit Kriterien entwickelt, an denen sich das nationale Gericht im Rahmen seiner Bewertung orientieren muss.[176] Grundsätzlich gilt dabei, dass ein hinreichend qualifizierter Verstoß umso eher anzunehmen ist, je enger das konkrete mitgliedstaatliche Ermessen ist.

Für eine **nicht umgesetzte Richtlinie** hat der EuGH insoweit festgestellt, dass die völlige Untätigkeit des Gesetzgebers stets einen hinreichend qualifizierten Verstoß darstellt, sofern nicht ausnahmsweise eine andere Einschätzung gerechtfertigt erscheint.[177] Aufgrund des Ablaufens der Umsetzungsfrist war das Ermessen des Mitgliedstaats bzgl. der Umsetzung selbst auf Null reduziert. Es stand also für ihn fest, dass er ab diesem Zeitpunkt ein entsprechendes subjektives Recht hätte einräumen müssen. Da die Bundesrepublik im vorliegenden Fall ebenfalls gänzlich untätig geblieben ist, **liegt damit auch in diesem Fall ein hinreichend qualifizierter Verstoß vor.** Ob die Bundesrepublik in diesem Zusammenhang ein Verschulden trifft, spielt hingegen keine Rolle. Es handelt sich bei der unionsrechtlichen Haftung um eine verschuldensunabhängige Haftung.

Besondere Umstände, etwa ein Mitverschulden eines Unionsorgans,[178] die eine andere Bewertung rechtfertigen könnten, sind ebenfalls nicht ersichtlich.

Hinweis: Die vollständig nicht umgesetzte Richtlinie bildet letztlich den einzigen Fall, bei dem Sie im Rahmen einer Klausur stets auch von einem

---

[174] *Fischer*, Europarecht Rn 255.
[175] *Fischer*, Europarecht Rn 255.
[176] Siehe *Detterbeck/Windthorst/Sproll*, Staatshaftungsrecht, § 6 Rn 37.
[177] EuGH NJW 1996, 1267 (1269).
[178] Vgl. *Detterbeck/Windthorst/Sproll*, Staatshaftungsrecht, § 6 Rn 40.

128

hinreichend qualifizierten Verstoß ausgehen können. Sofern eine Umsetzung hingegen lediglich fehlerhaft ist oder ein gänzlich anderer Unionsrechtsverstoß vorliegt, müssen Sie anhand der Kriterien des EuGH prüfen, inwieweit der Verstoß die erforderliche Qualifikation aufweist.

Einige **Kriterien**, die Sie in diesem Zusammenhang kennen sollten, sind die Folgenden:

a)   das Maß an Klarheit und Genauigkeit der verletzten Norm;
b)   die Frage, ob ein vorsätzlicher oder lediglich ein fahrlässiger Verstoß vorliegt;
c)   das mögliche Mitverschulden eines beteiligten Unionsorgans;
d)   die Frage der Entschuldbarkeit eines möglichen Rechtsirrtums und schließlich
e)   der Umfang des durch die Norm eingeräumten Ermessensspielraums.

4. Kausaler Schaden

Durch den Verstoß müsste der Familie L auch ein **kausaler Schaden** entstanden sein. In diesem Fall hat die Familie L 2.500 Euro Aufwendungen aufgrund der Insolvenz ihres Reiseveranstalters. Sofern die Richtlinie rechtzeitig umgesetzt worden wäre, hätten ihr diese Aufwendungen in jedem Falle ersetzt werden müssen. Dass der genaue Schuldner dieser Forderung nicht bekannt ist, spielt insoweit keine Rolle. **Entscheidend ist allein, dass der Schaden ersetzt worden wäre**. Es liegt damit auch ein kausaler Schaden vor.

5. Ergebnis

Familie L **hat** gegen die Bundesrepublik einen **Anspruch auf Erstattung ihrer Aufwendungen** in Höhe von 2.500 Euro. Ein anspruchverkürzendes Mitverschulden der Familie L ist nicht ersichtlich.

IV. Ergebnis zu Frage 1

Familie L hat gegen die Bundesrepublik einen unionsrechtlichen Staatshaftungsanspruch in Höhe von 2.500 Euro.

Hinweis: An diesem Fall werden die weitreichenden Konsequenzen des unionalen Staatshaftungsanspruchs besonders deutlich. Der (ungeschriebene) nationale Grundsatz, wonach eine Haftung für legislatives Unrecht nicht in Betracht kommt, greift aufgrund der unionsrechtlichen Vorgaben nicht mehr ein!

Beachten Sie bitte auch die aktuellen Entwicklungen im Bereich des **judikativen Unrechts.** Nach Auffassung des EuGH gelten die dargestellten Grundsätze prinzipiell auch dann, wenn ein letztinstanzliches Gericht gegen eine Unionsnorm verstößt.[179] Aufgrund der Unabhängigkeit der Gerichte ist die Frage eines hinreichend qualifizierten Verstoßes indes genau zu untersuchen. In der Verletzung der Vorlagepflicht nach Art. 267 III AEU ist daher nicht automatisch ein solcher Verstoß zu sehen. Dazu auch *Obwexer*, EuZW 2003, 726 sowie *Thiele*, Europäisches Prozessrecht, § 9 Rn 77 ff.

B. Beantwortung der zweiten Frage

Mit der zweiten gestellten Frage möchte Familie L wissen, in welchem **Rechtsweg** sie den soeben festgestellten Anspruch geltend machen müsste.

Der unionsrechtliche Staatshaftungsanspruch selbst enthält diesbezüglich **keinerlei Angaben.** Dies folgt aus der einfachen Überlegung, dass der EuGH es lediglich für notwendig erachten musste, festzulegen, unter welchen Umständen ein Anspruch des Einzelnen generell besteht. Bezüglich der Modalitäten der Umsetzung hingegen **konnte er auf das einschlägige nationale Recht verweisen.**

Unabhängig von der Frage, ob man den unionsrechtlichen Anspruch somit als eigenständiges Haftungsinstitut ansieht oder aber aus diesem lediglich Vorgaben und Modifikationen der nationalen Ansprüche annimmt, bedarf der unionale Anspruch folglich in bestimmten Fragen der **Ergänzung und Konturierung durch die nationalen Haftungsinstitute.**

Dies gilt dabei auch für die Frage nach dem richtigen Rechtsweg.[180] Dabei liegt es nahe, auf die entsprechenden nationalen Regelungen zum Amtshaftungsanspruch abzu-

---

[179] Siehe EuGH Rs. C-224/01, Slg. 2003, I-10239.
[180] Vgl. *Detterbeck/Windthorst/Sproll*, Staatshaftungsrecht, § 6 Rn 80.

stellen. Da dieser gemäß **Art. 34 S. 3 GG** auf den **ordentlichen Rechtsweg** verweist, gilt dies insoweit auch für den
unionsrechtlichen Anspruch.

Das gleiche Ergebnis ergibt sich im Übrigen sofern man statt
auf Art. 34 GG direkt auf § 40 II 1 VwGO (Verletzung öffentlich-rechtlicher Pflichten) abstellt. Sachlich zuständig ist zudem gemäß § 71 II Nr. 2 GVG das örtlich zuständige Land-
gericht.

**Der Anspruch ist folglich im ordentlichen Rechtsweg
geltend zu machen.**

Hinweis: Die in diesem Fall dargestellten Grundsätze sind auch für den
Pflichtfachkandidaten wichtig. Es kann von Ihnen erwartet werden, dass
Sie – jedenfalls im Falle einer nicht umgesetzten Richtlinie – in der Lage
sind, den unionalen Staatshaftungsanspruch zu prüfen.

FALL 10: RAUCHVERBOT?

Ende 2014 schlägt die Kommission eine auf Art. 114 AEU gestützte Richtlinie vor, die, von einigen Ausnahmen abgesehen, jede Form der Werbung und des Sponsoring für den Bereich der Tabakindustrie untersagt. Zur Begründung führt die Kommission aus, dass es in den einzelnen Mitgliedstaaten eine Vielzahl von unterschiedlichen Regelungen bzgl. der Werbung und des Sponsoring für Tabakprodukte gebe. Da die Werbung für diese Produkte grenzüberschreitende Bedeutung aufweise (man denke etwa an Werbeagenturen oder die Hersteller von Werbeträgern), seien diese unterschiedlichen Vorschriften geeignet, den innerunionalen Handel – etwa von solchen Werbeträgern – zu beeinträchtigen.

Auch das Sponsoring weise solche grenzüberschreitende Aspekte auf; die bei gesponserten Veranstaltungen verwendeten Werbeträger (Fahrzeuge, Fahrerkleidung) erreichten eben nicht nur das örtliche Publikum. Zudem könnten Werbeagenturen aufgrund der unterschiedlichen Regelungen zwischen den nationalen Rechtsvorschriften Werbekonzepte nicht unionsweit einheitlich entwerfen und anbieten. Im Übrigen – ohne dass es darauf im Kern ankomme – werde durch eine solche Richtlinie auch der Gesundheitsschutz gefördert. Vor allem Jugendliche würden aufgrund der massiven Werbung immer früher in die Abhängigkeit von Tabakprodukten geraten. Im Rat und auch im Parlament stößt der Richtlinienvorschlag auf breite Zustimmung. Nachdem das Parlament in seiner Stellungnahme keinerlei Änderungen an der Richtlinie vorgenommen hat, verabschiedet auch der Rat den Rechtsakt mit qualifizierter Mehrheit – und zwar (wie von Polen beantragt) nach den alten Regelungen des Nizza-Vertrages. Insgesamt stimmen dabei 15 Staaten für die Richtlinie, so dass diese mit knapp über 260 Stimmen angenommen wird. Sowohl für Spanien als auch für Portugal (die jeweils zugestimmt haben) nimmt dabei an der Abstimmung nicht der jeweils zuständige Minister, sondern vielmehr lediglich ein Staatssekretär teil.

Im Übrigen lässt sich der belgische Ratsvertreter durch den französischen Minister vertreten, der daher für beide Staaten gemeinsam zustimmt.

Als der deutsche Vertreter nach Deutschland zurückkehrt, sieht er sich scharfer Kritik von Seiten der Tabakindustrie ausgesetzt. Da die Bundesregierung ihr gutes Verhältnis zu dieser einflussreichen Lobby nicht verscherzen will, beschließt sie nur wenige Wochen nach dem Erlass der Richtlinie, gegen diese vor dem EuGH zu klagen.

Die Bundesregierung macht dabei zunächst geltend, dass es der Union bereits an der Kompetenz für den Erlass einer solchen Richtlinie gemangelt habe. Auch wenn die Kommission dies bestreite, liege das Hauptziel der Richtlinie nicht in der Gewährleistung eines einheitlichen Binnenmarktes, sondern im Schutz der öffentlichen Gesundheit. Nach Art. 168 V AEU sei in diesem Bereich jedoch jegliche Form der Harmonisierung ausgeschlossen. Die Richtlinie verletze mithin das Prinzip der begrenzten Einzelermächtigung und sei bereits daher als nichtig anzusehen. Im Übrigen sei auch das Verfahren zum Erlass der Richtlinie fehlerhaft. Staatssekretäre seien im Rat unter keinen Umständen stimmberechtigt. Zudem könne sich ein anderer Mitgliedstaat nicht einfach so von einem anderen vertreten lassen. Die Stimmen dieser Staaten seien daher als nichtig anzusehen, weshalb es auch an der erforderlichen qualifizierten Mehrheit der Stimmen gefehlt habe.

Die Kommission hingegen hält die Einwände der deutschen Regierung für völlig verfehlt. Eine Kompetenz sei mit Art. 114 AEU vorhanden und auch gegen die Abstimmung sei nichts einzuwenden. Ohnehin sei es doch äußerst fraglich, ob die deutsche Regierung überhaupt klagebefugt sei, nachdem sie noch im Rat der Richtlinie zugestimmt habe.

Wird die Klage der Bundesregierung Erfolg haben?

Hinweis: Es ist auf alle aufgeworfenen Fragen umfassend (notfalls hilfsgutachterlich) einzugehen.

LÖSUNG FALL 10: RAUCHVERBOT?

Vorüberlegung: Der Fall befasst sich mit mehreren Problemen: Primär geht es um die Reichweite der **Binnenmarktkompetenz** der Union nach Art. 114 AEU, vor allem, ob auch Werbeverbote davon umfasst sein können. Fraglich ist dies insbesondere wegen der Regelung des Art. 168 V AEU, die eine Harmonisierung im Gesundheitsbereich ausschließt. Daneben behandelt der Fall eine Frage zum **Abstimmungsverfahren** im Rat sowie ein „kleines" **prozessuales Problem** im Bereich der Nichtigkeitsklage privilegierter Kläger. Dabei ist vor allem der Bearbeitervermerk zu beachten: Dort ist noch einmal ausdrücklich darauf hingewiesen, dass alle diese Probleme auch angesprochen werden sollen. Sofern Sie die Zulässigkeit der Klage also verneinen sollten, müssen Sie dennoch die Begründetheit prüfen; gleiches gilt für das Verfahren, falls Sie eine Kompetenz verneinen. An sich ist dieser Hinweis überflüssig, da Sie in einem Gutachten generell auf alle in Betracht kommenden Rechtsfragen eingehen müssen. Er soll an dieser Stelle jedoch mögliche Missverständnisse vermeiden.

Die Bundesregierung möchte gegen die auf Art. 114 AEU gestützte Richtlinie vorgehen. In Betracht kommt daher eine **Nichtigkeitsklage** gemäß Art. 263 II AEU. Diese hat Erfolg, wenn sie zulässig (A) und begründet (B) ist.

> **Hinweis**: Die Nichtigkeitsklage nach Art. 263 AEU stellt eine äußerst wichtige Klageart dar. Sie sollten sich daher mit dieser im Rahmen Ihrer Vorbereitung eingehender befassen. Lesen Sie dazu zumindest den Überblick bei *Thiele*, Europarecht, § 10. Für Hausarbeiten finden Sie bei *Thiele*, Europäisches Prozessrecht, § 6 weitergehende Ausführungen. Speziell zu den Änderungen durch den Vertrag von Lissabon *Thiele*, EuR 2010, 30 ff.

A. Zulässigkeit der Klage nach Art. 263 II AEU

I. Beteiligtenfähigkeit

Im Rahmen der Beteiligtenfähigkeit ist zwischen der **aktiven und der passiven Beteiligtenfähigkeit** zu differenzieren. Es handelt sich bei der Nichtigkeitsklage mithin um ein **kontradiktorisches Verfahren**.[181]

---

[181] Hier liegt ein wichtiger Unterschied zur deutschen abstrakten Normenkontrolle, auch wenn die Nichtigkeitsklage nach Art. 263 II AEU im Übrigen starke Parallelen zu dieser aufweist.

Aktiv beteiligtenfähig sind nach Art. 263 II AEU die Mitgliedstaaten, das Parlament, der Rat sowie die Kommission. In diesem Fall möchte die Bundesregierung als Vertreterin der Bundesrepublik Klage erheben. Als solche ist sie beteiligtenfähig.

Passiv beteiligtenfähig sind nach Art. 263 I AEU der Rat, das Parlament, die Kommission, die EZB und – seit dem Vertrag von Lissabon – auch der Europäische Rat. Zu richten ist die Klage generell an dasjenige Organ, das den angegriffenen Rechtsakt erlassen hat.[182] Hier möchte die Bundesregierung gegen einen Rechtsakt vorgehen, der auf Art. 114 AEU gestützt und daher im ordentlichen Gesetzgebungsverfahren nach Art. 294 AEU erlassen wurde. In diesen Konstellationen sind daher der **Rat und das Parlament gemeinsam** zu verklagen, da sie den Rechtsakt gemeinsam zu verantworten haben.

> **Hinweis**: Dass die Kommission den Rechtsakt regelmäßig vorschlägt (Initiativmonopol der Kommission), ändert daran nichts. Sie wird dadurch also nicht zur Klagegegnerin, da die Letztentscheidung jeweils beim Rat (bzw. beim Rat und Parlament gemeinsam) liegt.

II. Klagegegenstand

Nach Art. 263 I AEU können die sog. privilegierten Kläger gegen alle „**Handlungen**" vorgehen, soweit es sich nicht um die rechtlich unverbindlichen Empfehlungen oder Stellungnahmen handelt. Der Begriff der Handlungen wird vom EuGH **äußerst weit ausgelegt**.

Entscheidend sind danach allein die folgenden zwei Voraussetzungen:[183]

- Es muss sich um eine rechtlich existente[184] Handlung eines Unionsorgans handeln.[185]

---

[182] *Burgi*, in: Rengeling/Middeke/Gellermann, Handbuch des Rechtsschutzes in der Europäischen Union, § 7 Rn 23.

[183] EuGH Rs. C-316/91, Slg. 1994, I-626.

[184] Rechtlich inexistent ist eine Handlung dann, wenn sie an einem besonders schweren und offensichtlichen Fehler leidet.

- Die Handlung muss verbindliche Rechtswirkungen nach außen entfalten.

Umfasst sind danach in jedem Fall **alle** der in Art. 288 AEU genannten **„typischen"** **Handlungsformen**, ohne dass die tauglichen Klagegegenstände freilich auf die dort genannten Rechtsakte beschränkt wären.

Hier will die Bundesregierung gegen eine auf Art. 114 AEU gestützte **Richtlinie** des Rates und des Parlaments vorgehen. Bei dieser Richtlinie handelt es sich um eine in Art. 288 AEU genannte „typische" unionsrechtliche Handlungsform. Damit liegt ein tauglicher Klagegegenstand vor.

Hinweis: Diese äußerst weite Interpretation der zulässigen Klagegegenstände rechtfertigt sich aus der besonderen Stellung der privilegierten Kläger im institutionellen Unionsgefüge – sie sind gemeinsam die „Hüter des gesamten Unionsrechts", wenngleich die Kommission diesbezüglich eine besondere Rolle einnimmt.

III. Klagebefugnis

Eine besondere Klagebefugnis müssen die privilegierten Kläger nicht nachweisen. Darin zeigt sich gerade der **objektive Beanstandungscharakter** dieser Klageart.[186]

IV. Klagegrund

Nach Art. 263 II AEU müsste die Bundesregierung zumindest einen der dort aufgezählten **Nichtigkeitsgründe** geltend machen. Es ist dabei erforderlich, dass sich aus dem Vortrag der Bundesregierung erkennen lässt, auf welchen Nichtigkeitsgrund sie sich berufen will.

---

[185] Dieses Erfordernis ergibt sich aus der Tatsache, dass der Gerichtshof das Rechtsprechungsorgan der Union darstellt, weshalb er auch allein Unionshandeln für nichtig erklären kann. Grds. keine tauglichen Klagegegenstände sind daher völkerrechtliche Handlungen der Mitgliedstaaten. Aufgrund der formellen Auflösung der bisherigen Säulenstruktur ist der EuGH jedoch nunmehr jedenfalls im Grundsatz auch für die Kontrolle der in Zusammenhang der ehemaligen zweiten und dritten Säule beschlossenen Maßnahmen zuständig. Allerdings finden sich vor allem für die GASP Sonderregelungen, die eine Zuständigkeit im Wesentlichen ausschließen, vgl. Art. 275 AEU.

[186] Hier zeigen sich die Parallelen zur deutschen abstrakten Normenkontrolle.

136

Hier macht die Bundesregierung zunächst geltend, dass es der Union bereits an der **Kompetenz** für den Erlass der Werbeverbots-Richtlinie gemangelt habe. Mit diesem Vorbringen bezweifelt die Bundesregierung mithin die **Verbandszuständigkeit** der Union. Damit beruft sich die Bundesregierung folglich auf den Nichtigkeitsgrund **Unzuständigkeit**.

Darüber hinaus geht die Bundesregierung davon aus, dass das **Abstimmungsverfahren** aufgrund der fehlerhaften Besetzung des Rates nicht eingehalten wurde. Durch dieses Vorbringen rügt sie mithin **die Verletzung einer wesentlichen Formvorschrift.**

> **Hinweis:** Bevor Sie den Auffangnichtigkeitsgrund „Verletzung des Vertrages" annehmen, müssen Sie stets zunächst die besonderen Nichtigkeitsgründe überprüfen. Hier ließen sich sämtliche Einwände der Bundesregierung bereits solchen besonderen Nichtigkeitsgründen zuordnen, so dass die Verletzung des Vertrages nicht mehr erwähnt werden musste.

Damit stützt die Bundesregierung ihre Nichtigkeitsklage auf zulässige Nichtigkeitsgründe.

> **Hinweis:** Ob der gerügte Nichtigkeitsgrund tatsächlich vorliegt, ist allein eine Frage der Begründetheit.

V. Klagefrist

Nach Art. 263 VI AEU besteht eine Klagefrist von **zwei Monaten**. Dabei ist indes zu beachten, dass sich diese Frist nach Art. 51 der Verfahrensordnung des Gerichtshofs um eine **pauschale Entfernungsfrist** von zehn Tagen verlängert. Hier ist zusätzlich zu beachten, dass es sich bei der Richtlinie um einen Rechtsakt handelt, der bekannt gegeben werden musste (gemeint ist damit die Veröffentlichung im Amtsblatt der Union).

Damit beginnt die Klagefrist nach **Art. 49 der Verfahrensordnung** erst am 15. Tag nach der Veröffentlichung.[187]

Hier will die Bundesregierung laut Sachverhalt bereits **wenige Wochen nach dem Erlass** der Richtlinie klagen. Es ist insofern davon auszugehen, dass die genannte Frist noch nicht verstrichen ist.

> **Hinweis**: Aufgrund des Hinweises im Sachverhalt können diese Ausführungen auch kürzer ausfallen. Es kann aber nicht schaden, wenn sie einige kurze Ausführungen zum Fristbeginn machen.

VI. Rechtsschutzbedürfnis

Privilegierte Kläger müssen regelmäßig **kein besonderes Rechtsschutzbedürfnis nachweisen**. Sie sind aufgrund ihrer besonderen Stellung im Rahmen des institutionellen Gleichgewichts jeder für sich für die Wahrung des gesamten Unionsrechts zuständig und können daher gegen jeden tauglichen Klagegegenstand ohne weiteres vorgehen.[188]

Fraglich ist indes, wie es sich in diesem Fall auswirkt, dass **die Bundesrepublik** gegen einen Rechtsakt vorgehen will, dem sie selbst – vertreten durch das deutsche Ratsmitglied – im Ministerrat **zugestimmt** hat. Eventuell lässt eine solche Zustimmung ausnahmsweise das Rechtsschutzbedürfnis entfallen.

Zu beachten ist indes, dass es sich bei der Nichtigkeitsklage privilegierter Kläger um ein rein **objektives Beanstandungsverfahren** handelt. In einem solchen Verfahren hängt das Klagerecht grundsätzlich gerade nicht von vorherigen Verhalten des einzelnen Klageberechtigten ab. Zweck ist es durch diese Klage die **Rechtmäßigkeit des Unionshandelns** zu überprüfen. Warum es zu einer solchen Überprüfung kommt, spielt dabei generell keine Rolle. Daher kann ein Mitgliedstaat sein Klagerecht auch nicht dadurch

---

[187] Maßgeblich ist hier das Datum der Amtsblattnummer. Sollte das Amtsblatt indes erwiesenermaßen erst zu einem späteren Zeitpunkt erhältlich gewesen sein, beginnt diese Frist erst mit der tatsächlichen Verfügbarkeit.
[188] EuGH Rs. 131/86, Slg. 1988, 905 Rn 6.

verlieren, dass er dem Rechtsakt zuvor zugestimmt hat. Wenn einem solchen Mitgliedstaat nach seiner Zustimmung Bedenken bezüglich der Rechtmäßigkeit des erlassenen Unionsrechtsakts kommen, muss er vielmehr weiterhin die Möglichkeit haben, diesen Rechtsakt durch den EuGH überprüfen zu lassen, auch um so sein eigenes Fehlverhalten aus der Welt schaffen zu können.

Anderenfalls würde die Nichtigkeitsklage einen großen Teil ihrer Funktion einbüßen. So wäre ein Rechtsakt unter Umständen nach dieser Argumentation überhaupt nicht mehr angreifbar, wenn er im Verfahren nach Art. 294 AEU einstimmig erlassen worden ist. Die Mitgliedstaaten und das Parlament haben jeweils zugestimmt und die Kommission hat den Rechtsakt selbst vorgeschlagen. Das erscheint letztlich aber wenig überzeugend.

Aus der **objektiven Funktion der Klage** nach Art. 263 II AEU folgt somit, dass das Klagerecht der Bundesregierung trotz Zustimmung im Ministerrat bestehen bleibt.

> **Hinweis**: Diese Konstellation sollten Sie kennen. Auch die Kommission als die originäre Hüterin des Unionsrechts verliert ihr Klagerecht daher nicht dadurch, dass sie den erlassenen Rechtsakt – wie regelmäßig – vorgeschlagen hat.

VII. Ergebnis

Die Klage der Bundesregierung **ist zulässig**.

B. Begründetheit der Klage nach Art. 263 II AEU

Die Klage der Bundesregierung ist auch begründet, wenn im Hinblick auf die Richtlinie tatsächlich einer der geltend gemachten Nichtigkeitsgründe vorliegt. Da hier keine materiellen Verstöße geltend gemacht wurden, noch ersichtlich sind, ist im Folgenden daher allein der formellen Rechtmäßigkeit der Richtlinie nachzugehen. Zu prüfen ist hier damit die **Zuständigkeit der Union** (I) sowie das **Erlassverfahren** (II).

> **Hinweis**: Regelmäßig wird der Kläger zumindest hilfsweise auch den Nichtigkeitsgrund „Verletzung des Vertrages" geltend machen. In einem solchen Fall müssen Sie den jeweiligen Klagegegenstand umfassend sowohl auf seine formelle als auch auf seine materielle Unionskonformität untersuchen. Hier hat sich die Bundesregierung jedoch allein auf die Unzuständigkeit und die Verletzung wesentlicher Formvorschriften berufen. Dann sollten Sie in der Begründetheit auch nur diese überprüfen.

I. Zuständigkeit der Union

Nach dem Prinzip der **begrenzten Einzelermächtigung** kann die Union nur dort rechtsetzend tätig werden, wo ihr von den einzelnen Mitgliedstaaten eine entsprechende Kompetenz übertragen worden ist.[189]

Die Union hat also nicht die Möglichkeit, ihre Kompetenzen einseitig zu erweitern; in dieser **fehlenden Kompetenz-Kompetenz** zeigt sich in besonderer Weise die fehlende Staatsqualität der Europäischen Union.

> **Hinweis**: Es empfiehlt sich vor der eigentlichen Kompetenzprüfung ein paar kurze Worte zum Prinzip der begrenzten Einzelermächtigung zu verlieren. Dadurch zeigen Sie, dass Sie wissen, warum eine Rechtsgrundlage überhaupt erforderlich ist.

Auch für die hier vorliegende Richtlinie bedurfte die Union folglich einer ausdrücklich in den Verträgen übertragenen Kompetenz. Hier hat die Union die **Binnenmarktkompetenz des Art. 14 AEU** als Rechtsgrundlage für die Werbeverbots-Richtlinie gewählt. Fraglich ist, ob diese Rechtsgrundlage tatsächlich eine solche Regelung zu tragen vermag oder ob die Union hier nicht **außerhalb ihrer Verbandskompetenz** gehandelt hat. Zu klären ist somit zunächst die generelle Reichweite der Kompetenz nach Art. 114 AEU (1). Anschließend ist zu klären, ob sich die Werbeverbots-Richtlinie innerhalb dieses Rahmens bewegt (2).

---

[189] Überblick dazu bei *Thiele*, Europarecht, S. 131.

1. Die Regelung des Art. 114 AEU

Nach Art. 114 I AEU kann die Union Maßnahmen zur Angleichung der Rechts- und Verwaltungsvorschriften der Mitgliedstaaten erlassen, welche die **Errichtung und das Funktionieren des Binnenmarktes** zum Gegenstand haben. Nach Art. 26 II AEU umfasst der Binnenmarkt einen Raum, in dem der freie Waren-, Personen-, Dienstleistungs- und Kapitalverkehr ohne Binnengrenzen gewährleistet ist. Diese Kompetenz ist daher auf den ersten Blick äußerst weit gefasst. Um das Prinzip der begrenzten Einzelermächtigung nicht leer laufen zu lassen, ist es daher anerkannt, dass Art. 114 AEU **gewissen Begrenzungen** unterliegt; er stellt also gerade keine allgemeine Kompetenz zur Regelung des Binnenmarktes dar, da dies einen Verstoß gegen das oben genannte Kompetenzverteilungsprinzip darstellen würde.[190]

Aus diesem Grund begrenzt auch der EuGH die Binnenmarktkompetenz durch **zwei kumulativ notwendige Voraussetzungen:**[191] Danach muss ein auf Art. 114 AEU gestützter Rechtsakt zunächst **tatsächlich den Zweck verfolgen**, die Voraussetzungen für die Errichtung und das Funktionieren des Binnenmarktes **zu verbessern**. Die bloße Feststellung von Unterschieden zwischen den nationalen Vorschriften und die abstrakte Gefahr von Beeinträchtigungen der Grundfreiheiten oder daraus möglicherweise entstehenden Wettbewerbsverzerrungen, genügt folglich nicht, um die Wahl des Art. 114 AEU als Rechtsgrundlage zu rechtfertigen. Anderenfalls würde der gerichtlichen Kontrolle der Wahl der Rechtsgrundlage jede Wirksamkeit genommen. Zum anderen müssen die **Wettbewerbsverzerrungen**, auf deren Beseitigung der Rechtsakt zielt, **spürbar sein**. Ansonsten würden dem Unionsgesetzgeber quasi keinerlei Grenzen gezogen.[192]

---

[190] *Calliess*, Jura 2001, 315.
[191] EuGH Rs. C-376/98, Slg. 2000, I-8419 Rn 76 ff.
[192] So der EuGH ausdrücklich aaO in Rn 107.

2. Das Werbeverbot der Richtlinie

Fraglich ist, ob das durch die Richtlinie aufgestellte Werbeverbot für Tabakprodukte diesen Anforderungen genügt.

a) Zweck der Richtlinie

Nach den obigen Ausführungen ist es zunächst erforderlich,
dass der Unionsgesetzgeber durch das Werbeverbot tatsächlich die Voraussetzungen für das Funktionieren und die
Errichtung des Binnenmarktes verbessern wollte. Aus den
dargestellten Begründungserwägungen ergibt sich, dass die
Kommission davon ausgeht, dass die unterschiedlichen Regelungen zur Tabakwerbung in den einzelnen Mitgliedstaaten zu einer **Beeinträchtigung des innerunionalen
Handels** beitrage. Gleiches gelte auch für die unterschiedlichen Sponsoringregelungen.

**Durch das Werbeverbot will die Kommission diese Be-
einträchtigungen beseitigen**, um dadurch die Errichtung
des Binnenmarktes voranzutreiben. Daher verfolgt die Kommission mit der Richtlinie eine Verbesserung der Binnen-
marktvoraussetzungen.

Fraglich ist indes, wie es sich auswirkt, dass die Kommission
selbst eingesteht, dass durch eine solche Regelung auch
der **Gesundheitsschutz** gefördert werde. Möglicherweise
ist eine solche Zielsetzung jedoch **wegen der Regelung
des Art. 168 V AEU ausgeschlossen**. Darin ist ausdrücklich festgelegt, dass eine Harmonisierung der Rechts- und
Verwaltungsvorschriften der Mitgliedstaaten zum Schutze
der menschlichen Gesundheit ausgeschlossen ist. Aus dieser Regelung folgt zugleich, dass Art. 114 AEU nicht herangezogen werden darf, um den ausdrücklichen Ausschluss
jeglicher Harmonisierung nach Art. 168 AEU zu umgehen.[193]
**Andererseits verlangt Art. 168 AEU nicht, dass die auf
andere Rechtsgrundlagen gestützten Harmonisierungs-
maßnahmen der Union keinerlei Auswirkungen auf den**

---

[193] EuGH aaO Rn 79.

Gesundheitsschutz haben dürften. Dies folgt schon aus Art. 168 I AEU wonach bei der Durchführung aller Unionspolitiken ein hohes Gesundheitsniveau sichergestellt werden muss.

Im Ergebnis folgt aus diesen Überlegungen, dass auf Art. 114 AEU gestützte Maßnahmen **jedenfalls nicht primär den Gesundheitsschutz bezwecken dürfen**. Wenn hingegen neben primären anderen Zielen auch der Gesundheitsschutz (nebenher) verfolgt wird, so ist dies nicht zu beanstanden. Auch in diesem Fall stehen die positiven Auswirkungen auf den Gesundheitsschutz damit dem Art. 114 AEU als Rechtsgrundlage nicht im Wege.

Hinweis: An dieser Stelle ließe sich wohl auch eine andere Auffassung vertreten, wenn man annimmt, dass die Kommission in Wahrheit allein den Gesundheitsschutz verfolgt hat. Allerdings waren hier im Sachverhalt die Begründungen der Kommission angegeben, so dass Sie diese auch als wahr hinnehmen sollten.

---

b) Vermeidung spürbarer Wettbewerbsverzerrungen

Als weiteres objektives Kriterium verlangt der Gerichtshof wie dargelegt, dass die **bestehenden Wettbewerbsverzerrungen als spürbar** anzusehen sind. Daher genügt eine bloß potenzielle Auswirkung der Rechtsgegensätze auf Errichtung und Funktionieren des Binnenmarktes ebenso wenig wie der Nachweis nur geringfügiger Wettbewerbsverzerrungen.[194]

Ob die aufgrund der unterschiedlichen Werberegelungen für Tabakprodukte bestehenden Beeinträchtigungen in diesem Sinne als spürbar angesehen werden können, erscheint jedoch fraglich.

Sofern etwa Werbeagenturen oder die Hersteller von Werbeträgern betroffen sind, so sind zwar Unternehmen, die in Mitgliedstaaten mit einer weniger restriktiven Regelung der Tabakwerbung ansässig sind, hinsichtlich der Größenvor-

---

[194] *Ludwigs*, Rechtsangleichung nach Art. 94, 95 EG-Vertrag.

teile und der Gewinnerzielung begünstigt. **Diese Vorteile wirken sich jedoch auf den Wettbewerb nur entfernt und mittelbar aus** und führen nicht zu Verzerrungen, die als spürbar betrachtet werden könnten.

Zwar können andere Unterschiede zwischen bestimmten Regelungen durchaus spürbare Wettbewerbsbeschränkungen herbeiführen. Zu nennen ist hier etwa das **Verbot des Sponsoring** in manchen Mitgliedstaaten und seine Zulässigkeit in anderen. Eine solche Situation kann zur Verlegung insbesondere von Sportwettkämpfen führen und sich damit auf die Wettbewerbsbedingungen der an solchen Veranstaltungen beteiligten Unternehmen erheblich auswirken. **Derartige spezielle Verzerrungen rechtfertigen es jedoch nicht, den Art. 114 AEU für ein allgemeines Werbeverbot zu verwenden.**

Auch ist ein generelles Tabakwerbeverbot nicht geeignet, auf dem **Markt für Tabakerzeugnisse selbst**, spürbare Wettbewerbsverzerrungen zu beseitigen. Zwar können Hersteller und Verkäufer von Tabakerzeugnissen in Mitgliedstaaten mit restriktiven Rechtsvorschriften ihre Marktposition allein über den Preiswettbewerb entwickeln. Durch die genannte Richtlinie würde diese Beschränkung jedoch generalisiert und die Mittel, mit denen sich die Wirtschaftsteilnehmer Zugang zum Markt verschaffen, dauerhaft beschränken.

Im Ergebnis ist daher festzuhalten, dass das vollständige Tabakwerbeverbot **nicht geeignet ist, spürbare Wettbewerbsverzerrungen zwischen den Mitgliedstaaten zu beseitigen.** Art. 114 AEU ist daher keine taugliche Rechtsgrundlage.

Hinweis: Diese Ausführungen sind überwiegend vom EuGH übernommen. In einer Klausur könnte das insofern nicht von Ihnen erwartet werden. Wichtig ist allein, dass Sie die vom EuGH aufgestellten Voraussetzungen kennen und dann auf den Fall anwenden. Hier wäre also – mit entsprechender Argumentation – auch ein anderes Ergebnis vertretbar gewesen.

144

3. Ergebnis zur Zuständigkeit

Für die Tabakwerbeverbots-Richtlinie **besteht Unionskompetenz**. Art. 114 AEU konnte hierfür nicht herangezogen werden. Die genannte Richtlinie ist daher bereits aus diesem Grund für nichtig zu erklären.

> **Hinweis**: Es ist im Folgenden dennoch auch noch auf die gerügten Verfahrensmängel einzugehen. Dies wird durch den Bearbeitervermerk noch einmal verdeutlicht!

II. Erlassverfahren

Auf Art. 114 AEU gestützte Richtlinien sind im **ordentlichen Gesetzgebungsverfahren** nach Art. 294 AEU zu erlassen.[195] In diesem Verfahren werden die jeweiligen Rechtsakte gemeinsam vom Europäischen Parlament und vom Ministerrat erlassen.

Das Verfahren nach Art. 294 AEU setzt nach Art. 294 Abs. 2 AEU zunächst einen entsprechenden **Vorschlag der Kommission** voraus.[196] Laut Sachverhalt ist hier ein solcher erfolgt. Nach diesem Vorschlag muss zunächst das **Parlament eine Stellungnahme** abgeben. Da das Parlament in dieser Stellungnahme hier keine Änderungen an dem Rechtsakt vorgeschlagen hat, durfte der **Rat**, den Rechtsakt durch **qualifizierten Mehrheitsbeschluss** erlassen.[197] Fraglich ist ob ein solcher Beschluss hier auch getroffen wurde.

Die Richtlinie wurde laut Sachverhalt Ende 2014 verabschiedet. Laut Art. 16 Abs. 4 EU gilt ab 1.11.2014 als qualifizierte Mehrheit eine Mehrheit von mindestens 55% der Mitglieder des Rates, gebildet aus mindestens 15 Mitgliedstaaten, sofern die von diesen vertretenen Mitgliedstaaten zusammen mindestens 65% der Bevölkerung der Union aus-

---

[195] Zu diesem nur *Giebenrath*, Das Mitentscheidungsverfahren des Artikels 251 EG-Vertrag zwischen Maastricht und Amsterdam, Diss. Göttingen 2000.

[196] Hier wird deutlich, warum die Kommission auch als „Motor der Union" bezeichnet wird.

[197] Das Erfordernis der qualifizierten Mehrheit ergibt sich mittelbar aus Art. 16 III EU. Dort ist bestimmt, dass der Rat grds. mit qualifizierter Mehrheit entscheidet.

machen. Diese neuen Regelungen sind vorliegend jedoch nicht zur Anwendung gekommen. Der Rat hat vielmehr nach den alten Regelungen zur qualifizierten Mehrheit abgestimmt. Fraglich ist somit, ob dies hier zulässig war.

Art. 16 Abs. 5 EU sieht insofern gewisse Übergangsregelungen vor, die in einem eigenen Protokoll näher ausgestaltet sind. Nach Art. 3 Abs. 2 dieses Protokolls über die Übergangsbestimmungen gilt danach für den Zeitraum vom 1.11.2014 bis zum 31.3.2017, dass ein Mitglied des Rates beantragen kann, dass die Beschlussfassung mit der qualifizierten Mehrheit nach Absatz 3 und damit nach den bisher geltenden Regelungen des Vertrags von Nizza erfolgt. Da Polen vorliegend tatsächlich einen solchen Antrag gestellt hat, war der Rückgriff auf diese alte Regelungen damit rechtlich zulässig.

Gleichwohl ist in diesem Fall **fraglich**, ob im Rat auch nach diesen Regelungen tatsächlich die erforderliche **qualifizierte Mehrheit erreicht wurde**. Sollte dies nicht der Fall sein, würde die Tabakwerbeverbots-Richtlinie an einem wesentlichen Formfehler leiden, der zur Nichtigkeit derselben führen würde.

Laut Sachverhalt haben hier nämlich zwar 15 Länder zugestimmt, die auch etwas mehr als die erforderlichen 260 Stimmen auf sich vereinen (siehe Art. 3 Abs. 3 des Protokolls über die Übergangsbestimmungen). Auf den ersten Blick sind die genannten Voraussetzungen für eine qualifizierte Mehrheit bei gegenwärtig 28 Mitgliedstaaten also erfüllt.

Problematisch ist jedoch, ob tatsächlich alle diese Stimmen gewertet werden können. **Dies ist nur dann der Fall, wenn alle Staaten, die eine Stimme abgegeben haben, auch in ordnungsgemäßer Weise im Rat vertreten waren.** Fraglich ist dies zum einen für die Stimmen aus Belgien, da sich dieses durch Frankreich vertreten ließ (1) und zum anderen für die Stimmen aus Spanien und Portugal (2), da hier jeweils nicht der zuständige Minister, sondern lediglich ein Staatssekretär vertreten war. Sollte eine dieser Stimmab-

gaben als unionswidrig einzustufen sein, wäre eine quali-
fizierte Mehrheit nicht erreicht worden, da diese eine gültige
Stimmabgabe von mindestens 15 Staaten (nämlich „der
Mehrheit der Mitglieder") voraussetzt.

Hinweis: Sie sollten kurz klarstellen, dass es in jedem Falle darauf an-
kommt, dass alle 15 Staaten gültige Stimmen abgegeben haben. Sie
müssen also sowohl Belgien als auch Spanien und Portugal untersuchen.

---

1. Die Stimmen Belgiens

Laut Sachverhalt hat sich der belgische Ratsvertreter durch
den französischen Minister **vertreten lassen**. Dieser hat
folglich die Stimmen sowohl für Frankreich als auch für Belgien abgegeben. Fraglich ist, ob eine solche Vertretung zulässig war.

Tatsächlich findet sich in **Art. 239 AEU** die Regelung, wonach sich jedes Mitglied das Stimmrecht höchstens eines
anderen Mitgliedstaats übertragen lassen kann.[198]

Die Vertretungsbefugnis ist also im AEU-Vertrag ausdrücklich vorgesehen.[199] Zu beachten ist, dass eine Stimmenüber-
tragung nur an ein anderes Mitglied zulässig ist. Unionswidrig wäre also etwa die Übertragung des Stimmrechts an
einen „**einfachen Beamten**". Hierin wäre ein Umgehung der
Regelung des Art. 16 II EU zu sehen.[200] Laut Sachverhalt
wurde diese Voraussetzung jedoch gewahrt, da für Frankreich ein Minister anwesend war. Da aus dem Sachverhalt
auch nicht hervorgeht, dass sich Frankreich die Stimmen
von noch weiteren Staaten übertragen ließ, ist die Vertretung in diesem Falle als zulässig anzusehen. **Die Stimmen
Belgiens sind folglich gültig abgegeben worden**.

---

[198] Umstritten ist in diesem Zusammenhang, ob der vertretende Mitgliedstaat an
die Weisungen des vertretenen Mitgliedstaats gebunden ist.

[199] Tatsächlich ließ sich etwa Bundeskanzler *Schröder* im Herbst 2003 von dem
französischen Präsidenten *Chirac* vertreten, der mit „Guten Morgen, Herr Bundeskanzler" begrüßt wurde.

[200] Möglich ist es jedoch, sich zumindest bei den Beratungen von einem Beamten
vertreten zu lassen, solange an der Abstimmung dann das vollwertige Ratsmitglied teilnimmt.

2. Die Stimmen Spaniens und Portugals

Fraglich ist hingegen, ob dies auch für die Stimmen Spaniens und Portugals gilt. Problematisch ist hier, dass an der Abstimmung keine Minister, sondern **lediglich Staatssekretäre** teilgenommen haben. Nach Art. 16 II EU besteht der Rat jedoch aus je einem Vertreter auf Ministerebene.

Die abgegebenen **Stimmen** könnten aus **diesem Grunde als nichtig** anzusehen sein, denn aus dem Sachverhalt ergibt sich nicht, ob in Portugal und Spanien auch Staatssekretäre Mitglieder der Regierung sind und daher eventuell ebenfalls Ministerrang aufweisen.

Bei der Beantwortung dieser Frage ist allerdings auch die **Praxis der Ratsbesetzung** zu berücksichtigen. Dabei lässt sich feststellen, dass die Mitgliedstaaten bereits seit Beginn der EWG Personen in den Rat entsandt haben, die den Status von Staatssekretären hatten.

Zahlreiche Beschlüsse des Ministerrates sind also in einer solchen Besetzung zustande gekommen. Möglicherweise hat sich diese langanhaltende Übung daher mittlerweile zu unionsrechtlichem Gewohnheitsrecht verfestigt.[201]

Für eine solche Verfestigung spricht hier vor allem die **Dauer, Klarheit und auch Unbestrittenheit** dieser mitgliedstaatlichen Vorgehensweise. Offensichtlich wird die entsprechende Übung mittlerweile von allen Mitgliedstaaten als bindend und auch als durchsetzbar angesehen.[202]

Problematisch könnte allenfalls sein, dass im vorliegenden Fall eine **primärrechtliche Regelung** durch Gewohnheitsrecht teilweise **derogiert** wird. Das erscheint jedenfalls in solchen Fällen möglich, in denen alle Betroffenen und Beteiligten (nämlich alle Mitgliedstaaten) den Rechtscharakter der

---

[201] Dazu ausführlich *Ostertun*, Gewohnheitsrecht in der Europäischen Union, S. 212 ff.

[202] Bisher war die Vorgehensweise noch nicht Gegenstand eines gerichtlichen Verfahrens.

148

in Rede stehenden Übung teilen und es sich lediglich um eine rein formelle Frage handelt.

Im Ergebnis ist damit von einer entsprechenden **gewohnheitsrechtlich anerkannten** und daher auch rechtsverbindlichen **Übung** auszugehen, wonach auch Staatssekretäre ohne Ministerstatus in den Ministerrat entsandt werden können.

> **Hinweis**: An dieser Stelle ist auch eine andere Auffassung vertretbar. So ließe sich durchaus annehmen, dass jedenfalls Primärrecht verdrängendes Gewohnheitsrecht auf Unionsebene generell ausgeschlossen ist. Begründen ließe sich dies etwa mit der Überlegung, wonach Primärrecht stets der Ratifizierung durch die einzelnen Mitgliedstaaten bedarf. Für Gewohnheitsrecht gilt diese Anforderung hingegen nicht. Allerdings sollten Sie die Praxis kennen, die Staatssekretäre als vollwertige Ratsmitglieder anerkennt. In einer Hausarbeit müssen Sie in jedem Fall ausführlicher zu dieser Frage Stellung nehmen.

3. Zwischenergebnis

Das Erlassverfahren ist nicht zu beanstanden.

III. Ergebnis zur Begründetheit

Die Nichtigkeitsklage der Bundesregierung **ist begründet**, da es der Union an der notwendigen Kompetenz für den Erlass der Richtlinie mangelt. Das Erlassverfahren ist demgegenüber ordnungsgemäß abgelaufen.

C. Gesamtergebnis

Die Nichtigkeitsklage der Bundesregierung **ist zulässig und auch begründet**.

FALL 11: DATEN AUF VORRAT?

Aufgrund zunehmender terroristischer Gefahren erließen mehrere Mitgliedstaaten unterschiedliche Regelungen zur Vorratsdatenspeicherung. Telekommunikationsunternehmen waren danach verpflichtet, bestimmte Kommunikationsdaten ihrer Kunden für einen bestimmten Zeitraum „auf Vorrat" zu speichern. Die Sicherheitsbehörden dieser Mitgliedstaaten konnten dann auf diese Daten zugreifen, sofern gegenüber einzelnen Personen der Verdacht bestimmter Straftaten vorlag. Diese unterschiedlichen Bestimmungen stellten nach Ansicht der Kommission ein Hemmnis für den gemeinsamen Binnenmarkt dar, da sie erhebliche wirtschaftliche Auswirkungen auf die Dienstanbieter haben konnten.

Sie schlug daher eine allein auf Art. 114 AEUV gestützte Richtlinie vor, die eine Vereinheitlichung der unterschiedlichen Bestimmungen zur Vorratsdatenspeicherung bezweckte. Danach wurden die Anbieter öffentlich zugänglicher elektronischer Kommunikationsdienste oder die Betreiber eines öffentlichen Kommunikationsnetzes in der Richtlinie genannte von ihnen erzeugte oder verarbeitete Daten auf Vorrat zu speichern. Dabei handelte es sich um Daten zur Rückverfolgung und Identifizierung der Quelle einer Nachricht, zur Identifizierung des Adressaten einer Nachricht und Daten zur Bestimmung des Standorts mobiler Geräte. Nicht gespeichert werden durften hingegen Daten, die Aufschluss über den Inhalt einer Kommunikation geben könnten. Als Speicherungsfrist gab die Richtlinie einen Zeitraum von mindestens sechs Monaten und höchstens zwei Jahren vor. Die Richtlinie sah zwar gewisse Datenschutzregelungen vor, enthielt jedoch keine konkreten Vorgaben über die Art der Speicherung der Daten im Hinblick auf die Gefahr eines unberechtigten Zugangs zu den gespeicherten Daten.

Die Richtlinie wurde anschließend formell ordnungsgemäß im ordentlichen Gesetzgebungsverfahren erlassen.

Die Richtlinie wurde zwar zunächst auch mit der Stimme Deutschlands verabschiedet, mittlerweile ist die deutsche

Regierung von dieser jedoch nicht mehr überzeugt. Nur einen Monat nach deren Verabschiedung beschließt sie daher auch gerichtlich gegen diese vorzugehen.

Die deutsche Regierung macht in diesem Zusammenhang zunächst Bedenken gegen die gewählte Kompetenzgrundlage geltend. Die Richtlinie bezwecke hauptsächlich die Ermittlung, Feststellung und Verfolgung von Straftaten einschließlich terroristischer Taten zu erleichtern. Die Richtlinie hätte daher richtigerweise zumindest auch auf Art. 87 Abs. 2 AEUV gestützt werden müssen. Als nicht ausreichend könne insoweit angesehen werden, wenn die Richtlinie als Nebenziel auch die Verhütung von Wettbewerbsverzerrungen für den Binnenmarkt bezwecke.

Darüber hinaus aber sei die Richtlinie inhaltlich nicht mit den Grundrechten aus Art. 7 GrCH (Achtung des Privat- und Familienlebens) und Art. 8 GrCH (Schutz personenbezogener Daten) vereinbar. Angesichts der Tragweite der Speicherungspflicht bleibe von diesen Grundrechten letztlich praktisch nichts mehr übrig. Die Einschränkung sei daher zumindest unverhältnismäßig (vgl. Art. 52 GrCH).

Wird die Klage der Bundesregierung Erfolg haben?

Hinweis: Es ist auf alle aufgeworfenen Fragen umfassend (notfalls hilfsgutachterlich) einzugehen.

Fall angelehnt an EuGH Rs. C-301/06 und C-293/12.

LÖSUNG FALL 11: DATEN AUF VORRAT?

Vorüberlegung: Es handelt sich wiederum um eine Nichtigkeitsklage privilegierter Kläger, so dass insoweit auf die Ausführungen zum Fall zehn verwiesen werden kann. Besondere prozessuale Probleme finden sich nicht, es ist lediglich auf das Rechtsschutzbedürfnis Deutschlands knapp einzugehen. Im Übrigen liegen die Schwerpunkte des Falles in der Begründetheitsprüfung. Hier ist zum einen erneut nach der Reichweite der Binnenmarktkompetenz des Art. 114 AEU gefragt, die diesmal von der Kompetenz in Art. 87 Abs. 2 AEU abzugrenzen ist. Der EuGH musste über diese Frage zu einem Zeitpunkt entscheiden, als der Vertrag von Lissabon noch nicht in Kraft war. Die Vorgängerregelung des Art. 87 Abs. 2 AEU sah jedoch noch eine einstimmige Beschlussfassung vor. Da die Richtlinie tatsächlich gegen die Stimmen einiger Mitgliedstaaten verabschiedet worden war, kam es hier also entscheidend darauf an, ob Art. 114 AEUV diese trägt oder nicht. Heute würde eine solche Richtlinie insofern zumindest auch auf Art. 87 Abs. 2 AEU gestützt werden, so dass von vornherein keine kompetenziellen Probleme aufkämen. Vorliegend wurde jedoch aus „pädagogischen Gründen" im Sachverhalt aufgenommen, dass die Richtlinie gleichwohl ausschließlich auf Art. 114 AEU gestützt wurde, so dass dessen Tragfähigkeit weiterhin entscheidend bleibt. Darüber hinaus behandelt der Fall Probleme des **europäischen Grundrechtsschutzes**. Mit dem Vertrag von Lissabon ist die Grundrechtecharta nun vollwertiges Primärrecht. Auch aufgrund des angestrebten Beitritts der EU zur EMRK spielen die Grundrechte daher auch in der Rechtsprechung des EuGH eine immer größere Rolle. Der Prüfungsaufbau ist dabei – wie auch im nationalen Recht – dreistufig; es sind also auch hier Schutzbereichs-, Eingriffs- und Rechtfertigungsebene zu unterscheiden.

Die Bundesregierung möchte gegen die auf Art. 114 AEU gestützte Richtlinie vorgehen. In Betracht kommt daher eine **Nichtigkeitsklage** gemäß Art. 263 II AEU. Diese hat Erfolg, soweit sie zulässig (A) und begründet (B) ist.

A. Zulässigkeit der Klage nach Art. 263 II AEU

I. Beteiligtenfähigkeit

Im Rahmen der Beteiligtenfähigkeit ist zwischen der **aktiven und der passiven Beteiligtenfähigkeit** zu differenzieren.

Es handelt sich bei der Nichtigkeitsklage mithin um ein **kontradiktorisches Verfahren.**[203]

Aktiv beteiligtenfähig sind nach Art. 263 II AEU die Mitgliedstaaten, das Parlament, der Rat sowie die Kommission. In diesem Fall möchte die Bundesregierung als Vertreterin der Bundesrepublik Klage erheben. Als solche ist sie beteiligtenfähig.

Passiv beteiligtenfähig sind nach Art. 263 I AEU der Rat, das Parlament, die Kommission, die EZB und – seit dem Vertrag von Lissabon – auch der Europäische Rat. Zu richten ist die Klage generell gegen dasjenige Organ, das den angegriffenen Rechtsakt erlassen hat. Hier möchte die Bundesregierung gegen einen Rechtsakt vorgehen, der auf Art. 114 AEU gestützt und daher im ordentlichen Gesetzgebungsverfahren nach Art. 294 AEU erlassen wurde. In diesen Konstellationen sind daher der **Rat und das Parlament gemeinsam** zu verklagen, da sie den Rechtsakt auch gemeinsam zu verantworten haben.

II. Klagegegenstand

Nach Art. 263 I AEU können die sog. privilegierten Kläger gegen alle „**Handlungen**" vorgehen, soweit es sich nicht um die rechtlich unverbindlichen Empfehlungen oder Stellungnahmen handelt. Der Begriff der Handlungen wird vom Gerichtshof **äußerst weit ausgelegt**.

Umfasst sind danach in jedem Fall **alle** der in Art. 288 AEU genannten „**typischen**" Handlungsformen, ohne dass die tauglichen Klagegegenstände freilich auf die dort genannten Rechtsakte beschränkt wären.

Hier will die Bundesregierung gegen eine auf Art. 114 AEU gestützte **Richtlinie** des Rates und des Parlaments vorgehen. Bei dieser Richtlinie handelt es sich um eine in Art.

---

[203] Hierin liegt ein wichtiger Unterschied zur deutschen abstrakten Normenkontrolle, auch wenn die Nichtigkeitsklage nach Art. 263 II AEU im Übrigen starke Parallelen zu dieser aufweist.

288 AEU genannte „typische" unionsrechtliche Handlungsform. Damit liegt ein tauglicher Klagegegenstand vor.

III. Klagebefugnis

Eine besondere Klagebefugnis müssen die privilegierten
Kläger nicht nachweisen. Darin zeigt sich gerade der **objektive Beanstandungscharakter** dieser Klageart.[204]

IV. Klagegrund

Nach Art. 263 II AEU müsste die Bundesregierung zumindest einen der dort aufgezählten **Nichtigkeitsgründe** geltend machen. Es ist dabei erforderlich, dass sich aus dem
Vortrag der Bundesregierung erkennen lässt, auf welchen
Nichtigkeitsgrund sie sich berufen will.

Hier macht die Bundesregierung zunächst geltend, dass die
Richtlinie auf die **falsche Kompetenzgrundlage** gestützt
wurde. Sie bezweifelt insofern nicht die Verbandskompetenz
der Union, so dass der Klagegrund der Unzuständigkeit
vorliegend nicht greift. Nach der Rechtsprechung des EuGH
liegt in einem solchen Fall vielmehr der Klagegrund „**Verletzung wesentlicher Formvorschriften**" vor. Eine We-
sentlichkeit in diesem Sinne nimmt der EuGH jedoch nur
dann an, soweit sich das Beschlussverfahren der (vermeintlich) zutreffenden Rechtsgrundlage von tatsächlich ge-
wählten unterscheidet.[205] Hier sehen aber sowohl Art. 114
AEU als auch Art. 87 Abs. 2 AEU jeweils das ordentliche
Gesetzgebungsverfahren vor. Ein **wesentlicher Formfehler
wird** daher von der Bundesregierung insoweit **nicht geltend
gemacht**.

Hinweis: Hier wäre es auch vertretbar gewesen, die Rüge zunächst als
zulässig anzusehen und dann erst im Rahmen der Begründetheit festzustellen, dass der Formfehler jedenfalls nicht wesentlich ist. Streng genommen setzt die Rüge aber bereits die Geltendmachung eines wesentlichen Formfehlers voraus. Wenn dies aber offensichtlich nicht der Fall ist

---

[204] Hier zeigen sich die Parallelen zur deutschen abstrakten Normenkontrolle.
[205] Vgl. *Thiele*, Europäisches Prozessrecht, § 6 Rn 39.

(wie hier) kann dies bereits an dieser Stelle festgestellt werden. Im Übrigen ist laut Bearbeitervermerk auf alle Rechtsfragen einzugehen. Daher muss die Kompetenzfrage im Rahmen der Begründetheit ohnehin erneut aufgenommen werden.

Die Bundesregierung geht darüber hinaus aber auch von einem **Verstoß gegen Grundrechte** aus. Damit macht sie im Ergebnis eine **Verletzung der Verträge** und damit einen zulässigen Nichtigkeitsgrund geltend.

Achtung: Auch die Heranziehung einer falschen Kompetenzgrundlage wäre zwar eine Verletzung der Verträge. Gleichwohl dürfen durch diesen „Auffangnichtigkeitsgrund" nicht die Voraussetzungen der speziellen Nichtigkeitsgründe unterlaufen werden. Daher kann die Kompetenzrüge vorliegend nicht unter den Auffangnichtigkeitsgrund subsumiert werden.

V. Klagefrist

Nach Art. 263 VI AEU besteht eine Klagefrist von **zwei Monaten**. Dabei ist indes zu beachten, dass sich diese Frist nach Art. 51 der Verfahrensordnung des Gerichtshofs um eine **pauschale Entfernungsfrist** von zehn Tagen verlängert. Hier ist zusätzlich zu beachten, dass es sich bei der Richtlinie um einen Rechtsakt handelt, der bekannt gegeben werden musste (gemeint ist damit die Veröffentlichung im Amtsblatt der Union).

Damit beginnt die Klagefrist nach **Art. 49 der Verfahrensordnung** erst am 15. Tag nach der Veröffentlichung.[206]

Hier will die Bundesregierung laut Sachverhalt bereits **einen Monat nach dem Erlass** der Richtlinie klagen. Die Klage erfolgt mithin fristgemäß.

Hinweis: Aufgrund des Hinweises im Sachverhalt können diese Ausführungen auch kürzer ausfallen. Es kann aber nicht schaden, wenn sie einige kurze Ausführungen zum Fristbeginn machen.

---

[206] Maßgeblich ist hier das Datum der Amtsblattnummer. Sollte das Amtsblatt indes erwiesenermaßen erst zu einem späteren Zeitpunkt erhältlich gewesen sein, beginnt diese Frist erst mit der tatsächlichen Verfügbarkeit.

VI. Rechtsschutzbedürfnis

Privilegierte Kläger müssen regelmäßig **kein besonderes Rechtsschutzbedürfnis nachweisen.** Sie sind aufgrund ihrer besonderen Stellung im Rahmen des institutionellen Gleichgewichts jeder für sich für die Wahrung des gesamten Unionsrechts zuständig und können daher gegen jeden tauglichen Klagegegenstand ohne weiteres vorgehen.[207]

Fraglich ist indes, wie es sich in diesem Fall auswirkt, dass **die Bundesrepublik** gegen einen Rechtsakt vorgehen will, dem sie selbst – vertreten durch das deutsche Ratsmitglied – im Ministerrat **zugestimmt** hat. Eventuell lässt eine solche Zustimmung ausnahmsweise das Rechtsschutzbedürfnis entfallen.

Zu beachten ist indes, dass es sich bei der Nichtigkeitsklage privilegierter Kläger um ein rein **objektives Beanstandungsverfahren** handelt. In einem solchen Verfahren hängt das Klagerecht grundsätzlich gerade nicht von vorherigen Verhalten des einzelnen Klageberechtigten ab. Zweck ist es durch diese Klage die **Rechtmäßigkeit des Unionshandelns** zu überprüfen. Warum es zu einer solchen Überprüfung kommt, spielt dabei generell keine Rolle. Daher kann ein Mitgliedstaat sein Klagerecht auch nicht dadurch verlieren, dass er dem Rechtsakt zuvor zugestimmt hat. Wenn einem solchen Mitgliedstaat nach seiner Zustimmung Bedenken bezüglich der Rechtmäßigkeit des erlassenen Unionsrechtsakts kommen, muss er vielmehr weiterhin die Möglichkeit haben, diesen Rechtsakt durch den EuGH überprüfen zu lassen, auch um so sein eigenes Fehlverhalten aus der Welt schaffen zu können.

Anderenfalls würde die Nichtigkeitsklage einen großen Teil ihrer Funktion einbüßen. So wäre ein Rechtsakt unter Umständen nach dieser Argumentation überhaupt nicht mehr angreifbar, wenn er im Verfahren nach Art. 294 AEU einstimmig erlassen worden ist: Die Mitgliedstaaten und das

---

[207] EuGH Rs. 131/86, Slg. 1988, 905 Rn 6.

156

Parlament haben jeweils zugestimmt und die Kommission hat den Rechtsakt selbst vorgeschlagen. Das erscheint letztlich aber wenig überzeugend.

Aus der **objektiven Funktion der Klage** nach Art. 263 II AEU folgt somit, dass das Klagerecht der Bundesregierung trotz Zustimmung im Ministerrat bestehen bleibt.

VII. Ergebnis

Die Klage der Bundesregierung **ist zulässig**.

B. Begründetheit der Klage nach Art. 263 II AEU

Die Klage der Bundesregierung ist auch begründet, soweit der von ihr geltend gemachte **Klagegrund tatsächlich vorliegt**. Da hier laut Bearbeitervermerk auf alle aufgeworfenen Rechtsfragen einzugehen ist, ist an dieser Stelle indes auch die Kompetenzfrage zu klären. Zu prüfen ist damit umfassend die **formelle** (I) und **materielle** (II) **Unionsrechtskonformität** der Richtlinie.

> **Hinweis**: Da die Wahl der Kompetenzgrundlage hier keinen wesentlichen Formfehler zu begründen vermag (da beide Grundlagen das gleiche Erlassverfahren vorsehen) wäre die Kompetenzfrage an dieser Stelle an sich nicht mehr aufzunehmen. Da jedoch laut Bearbeitervermerk auf alle Rechtsfragen eingegangen werden soll, ist dies hier anders.

I. Formelle Unionsrechtskonformität

1. Richtige Kompetenzgrundlage

Art. 114 AEU müsste sich als die zutreffende Rechtsgrundlage erweisen, was von der deutschen Bundesregierung bezweifelt wird.

Nach Art. 114 I AEU kann die Union Maßnahmen zur Angleichung der Rechts- und Verwaltungsvorschriften der Mitgliedstaaten erlassen, welche die **Errichtung und das Funktionieren des Binnenmarktes** zum Gegenstand haben. Nach Art. 26 II AEU umfasst der Binnenmarkt einen Raum, in dem der freie Waren-, Personen-, Dienstleistungs-

und Kapitalverkehr ohne Binnengrenzen gewährleistet ist. Diese Kompetenz ist daher auf den ersten Blick äußerst weit gefasst. Um das Prinzip der begrenzten Einzelermächtigung nicht leer laufen zu lassen, ist es daher anerkannt, dass Art. 114 AEU **gewissen Begrenzungen** unterliegt; er stellt also gerade keine allgemeine Kompetenz zur Regelung des Binnenmarktes dar, da dies einen Verstoß gegen das allgemeine Kompetenzverteilungsprinzip darstellen würde.[208]

Aus diesem Grund begrenzt auch der EuGH die Binnenmarktkompetenz durch **zwei kumulativ notwendige Voraussetzungen**:[209] Danach muss ein auf Art. 114 AEU gestützter Rechtsakt zunächst **tatsächlich den Zweck verfolgen**, die Voraussetzungen für die Errichtung und das Funktionieren des Binnenmarktes **zu verbessern**. Die bloße Feststellung von Unterschieden zwischen den nationalen Vorschriften und die abstrakte Gefahr von Beeinträchtigungen der Grundfreiheiten oder daraus möglicherweise entstehenden Wettbewerbsverzerrungen, genügt folglich nicht, um die Wahl des Art. 114 AEU als Rechtsgrundlage zu rechtfertigen. Anderenfalls würde der gerichtlichen Kontrolle der Wahl der Rechtsgrundlage jede Wirksamkeit genommen. Zum anderen müssen die **Wettbewerbsverzerrungen**, auf deren Beseitigung der Rechtsakt zielt, **spürbar sein**. Ansonsten würden dem Unionsgesetzgeber quasi keinerlei Grenzen gezogen.[210]

Fraglich ist, ob diese Voraussetzungen bei der Richtlinie zur Vorratsdatenspeicherung erfüllt sind, ob diese also auf Art. 114 AEU gestützt werden konnte. Generell muss sich die **Wahl der Rechtsgrundlage dabei auf objektive, gerichtlich nachprüfbare Umstände gründen**, zu denen insbesondere das Ziel und der Inhalt des Rechtsakts gehören.

Insofern ist zunächst davon auszugehen, dass zwischen den nationalen Regelungen der Vorratsdatenspeicherung

---

[208] *Calliess*, Jura 2001, 315.
[209] EuGH Rs. C-376/98, Slg. 2000, I-8419 Rn 76 ff.
[210] So der EuGH ausdrücklich aaO in Rn 107.

158

vor der einheitlichen Regelung tatsächlich **erhebliche Unterschiede** bestanden. Die unterschiedlichen Verpflichtungen hatten zudem erhebliche Auswirkungen für die Dienstanbieter, da sie hohe Investitionen und Betriebskosten nach sich ziehen konnten. Dieser Zustand hätte sich durch den Erlass weiterer Regelungen durch andere Mitgliedstaaten noch verschärft.

Damit **bestanden** zum Zeitpunkt des Erlasses der Richtlinie **spürbare Wettbewerbsverzerrungen**, die einen Rückgriff auf Art. 114 AEU gestatteten und die die Kommission mit dieser Richtlinie auch beseitigen wollte. Dass mit dem Erlass der Richtlinie möglicherweise auch andere Zwecke verfolgt wurden, vermag daran im Ergebnis nichts zu ändern.

Im Ergebnis konnte die Richtlinie also auf Art. 114 gestützt werden. Art. 87 Abs. 2 AEU musste nicht (zusätzlich) herangezogen werden.

Hinweis: Wiedergegeben wurde hier die Auffassung des EuGH, vgl. Rs. C-301/06. In einer Klausur wäre allerdings auch gut eine andere Auffassung vertretbar.

2. Erlassverfahren/Form

Hinsichtlich des Erlassverfahrens und der Form bestehen vorliegend keine Bedenken.

II. Materielle Unionsrechtskonformität

In materieller Hinsicht kommt ein Verstoß gegen **Art. 7 GrCh** (1) und **Art. 8 GrCh** (2) in Betracht, der ja auch von der Bundesregierung gerügt wird.

1. Art. 7 GrCH

a) Schutzbereich

Nach Art. 7 GrCh hat jede Person das **Recht auf Achtung ihres Privat- und Familienlebens,** ihrer Wohnung sowie ihrer Kommunikation. Geschützt ist damit auch und gerade die private Kommunikation „privat" zu halten und damit vor staatlichen Behörden zu verbergen.

Die Richtlinie verpflichtet zur Speicherung einer Vielzahl von Daten privater Kommunikation, die unter anderem zur Rückverfolgung und Identifizierung der Quelle und des Adressaten einer Nachricht, des Standorts des Nachrichtenübermittlers sowie zur Bestimmung von Datum, Uhrzeit, Dauer und Art einer Nachrichtenübermittlung genutzt werden können. Aus der Gesamtheit dieser Daten können sehr **genaue Schlüsse auf das Privatleben der Personen**, deren Daten auf Vorrat gespeichert werden, **gezogen werden** (etwa im Hinblick auf Gewohnheiten des täglichen Lebens, ständige oder vorübergehende Aufenthaltsorte, tägliche Ortsveränderungen, ausgeübte Tätigkeiten, soziale Beziehungen).

Die vorgesehene Vorratsdatenspeicherung betrifft damit unmittelbar und speziell das Privatleben und damit die durch Art. 7 GrCh garantierten Rechte. Der **Schutzbereich ist folglich eröffnet**.

b) Eingriff

Indem die Richtlinie die Speicherung entsprechender Daten vorsieht und damit die genannten Schlüsse auf das Privatleben erst ermöglicht, liegt damit auch ein Eingriff in Art. 7 GrCh vor. Für die Feststellung eines Eingriffs kommt es dabei nicht darauf an, ob die betreffenden Informationen über das Privatleben sensiblen Charakter haben oder ob die Betroffenen durch den Eingriff Nachteile erlitten haben.

Darüber hinaus stellt der Zugang der Behörden zu den Daten einen zusätzlichen Eingriff in Art. 7 GrCh dar.

Dabei ist davon auszugehen, dass diese Eingriffe von großem Ausmaß und als **besonders schwerwiegend** anzusehen sind. Dies ergibt sich auch aufgrund des Umstands, dass die Vorratsdatenspeicherung der Daten und ihre spätere Nutzung vorgenommen werden, ohne dass der Teilnehmer darüber informiert wird. Denn dadurch kann bei diesem das Gefühl erzeugt werden, dass sein Privatleben Gegenstand einer ständigen Überwachung ist.

> **Hinweis**: Die Feststellung der Schwere des Eingriffs ist an dieser Stelle an sich nicht erforderlich. Die Intensität des Eingriffs spielt aber bei der Prüfung der Verhältnismäßigkeit eine Rolle und kann daher bereits hier thematisiert werden.

c) Rechtfertigung

Der Eingriff in Art. 7 GrCh könnte jedoch gerechtfertigt sein. Dies wäre nach Art. 51 GrCH der Fall, wenn er auf einer **gesetzlichen Grundlage** beruhte (aa), den **Wesensgehalt** des Art. 7 GrCh achtete (bb) und zudem **verhältnismäßig** wäre (cc).

aa) Gesetzliche Grundlage

Der Eingriff beruht auf einer **Richtlinie, die im ordentlichen Gesetzgebungsverfahren** erlassen wurde und damit auf einer „gesetzlichen" Regelung.

> **Hinweis**: Als „gesetzlich" im Sinne des Art. 52 GrCh sind alle Rechtsakte anzusehen, die im ordentlichen oder einem besonderen Gesetzgebungsverfahren erlassen worden sind. Nicht erfasst sind hingegen Durchführungsrechtsakte nach Art. 290, 291 AEU.

bb) Achtung des Wesensgehalts

Der Eingriff dürfte nicht den **Wesensgehalt** des Art. 7 GrCh berühren. Das wäre anzunehmen, wenn der Eingriff als so schwerwiegend anzusehen wäre, dass von dem jeweiligen Grundrecht faktisch nichts mehr vorhanden wäre, dieses also praktisch aufgehoben wäre. **Das ist vorliegend aber nicht der Fall.** Zwar präsentiert sich der Eingriff (wie bereits dargelegt) durchaus als schwerwiegend. Gleichwohl wird das Recht aus Art. 7 GrCh aber insoweit nicht berührt, als die Richtlinie die **Kenntnisnahme des Inhalts** der Kommunikation als solchen jedenfalls **nicht gestattet**. Der Kern der

Kommunikation bleibt damit unberührt, so dass auch der Wesensgehalt des Art. 7 GrCh nicht angetastet wird.

> **Hinweis**: Ein Eingriff in den Wesensgehalt dürfte damit die absolute Ausnahme sein. Teilweise wird daher auch dafür plädiert, den Wesensgehalt als Frage der Verhältnismäßigkeit anzusehen und daher nicht gesondert zu prüfen. Der EuGH hat freilich eine gesonderte Prüfung vorgenommen.

cc) Verhältnismäßigkeit

Der Eingriff müsste sich gleichwohl als **verhältnismäßig** erweisen.

Das setzt zunächst ein **legitimes Eingriffsziel** voraus. Vorliegend dient die Vorratsdatenspeicherung dem Zweck, die Ermittlung, Feststellung und Verfolgung schwerer Straftaten sicherzustellen. Sie soll damit zur **Bekämpfung schwerer Kriminalität** und somit letztlich zur öffentlichen Sicherheit beitragen. Dabei handelt es sich um ein legitimes Ziel. Die Speicherung als solche stellt auch ein grds. **legitimes Mittel** zur Erreichung dieses Zwecks dar.

Als verhältnismäßig wäre der Eingriff aber nur dann anzusehen, soweit die Vorratsdatenspeicherung auch geeignet ist, dieses legitime Gemeinwohlziel zu erreichen. Zudem darf der Eingriff nicht die Grenzen dessen überschreiten, was zur Erreichung dieser Ziele **geeignet** und **erforderlich** ist.

> **Hinweis**: Der EuGH prüft im Rahmen der Verhältnismäßigkeit regelmäßig nur die Geeignetheit und die Erforderlichkeit einer Regelung. Im deutschen Recht wäre anschließend noch die Angemessenheit zu prüfen. Allerdings versteht der EuGH den Begriff der Erforderlichkeit eher weit und prüft in diesem Zusammenhang daher teilweise auch Erwägungen, die im deutschen Recht unter dem Punkt Angemessenheit zu prüfen wären. In einer Klausur könnten Sie an dieser Stelle daher auch auf den gewohnten nationalen Aufbau zurückgreifen.

Durch die Vorratsdatenspeicherung erhalten die nationalen Behörden zusätzliche Möglichkeiten zur Aufklärung schwerer Straftaten. Sie stellt insoweit ein **nützliches Mittel für strafrechtliche Ermittlungen** dar und ist daher geeignet den angestrebten Zweck zu erreichen. Ob tatsächlich alle denkbaren Kommunikationsweisen von der Richtlinie erfasst werden, spielt dabei keine Rolle, da der unionale Gesetzgeber nicht verpflichtet ist, von verschiedenen Maßnahmen stets die am besten geeignete zu wählen.

Fraglich ist hingegen, ob sich die Vorratsdatenspeicherung auch als **erforderlich** erweist. Insoweit ist es zwar zutreffend, dass die Bekämpfung schwerer Kriminalität von größter Bedeutung für die Gewährleistung der öffentlichen Sicherheit ist. Zu beachten ist jedoch, dass sich Ausnahmen vom Schutz personenbezogener Daten auf das **absolut Notwendige** beschränken müssen. Ob dies vorliegend der Fall ist, erscheint jedoch fraglich.

Die Richtlinie bezieht sich zunächst generell auf alle Personen und alle elektronischen Kommunikationsmittel sowie auf sämtliche Verkehrsdaten ohne jede Differenzierung, Einschränkung oder Ausnahme. Insoweit hätte es jedoch nahe gelegen, die Speicherung auf einen Personenkreis zu beschränken, der in irgendeiner Weise in eine schwere Straftat verwickelt sein könnte oder aus anderen Gründen möglicherweise zur Verhütung, Feststellung oder Verfolgung schwerer Straftaten beitragen könnte.

Darüber hinaus liegt die vorgesehene **Speicherungsfrist** zwischen sechs und 24 Monaten. Dabei ist völlig unklar, warum eine solch große Spanne hinsichtlich der Speicherungsfrist notwendig sein soll. Hier müsste also zumindest durch die Richtlinie klargestellt werden, dass die Mitgliedstaaten bei der Auswahl ihrer Speicherungsfrist nicht frei wählen können, sondern anhand objektiver Kriterien darlegen müssen, dass ihre Speicherungsfrist auf das absolut Notwendige beschränkt ist.

Zuletzt enthält die Richtlinie auch keine besonderen Vorkehrungen wie die gespeicherten Daten vor einem möglichen **Missbrauch** zu schützen sind. Das wäre aber erforderlich gewesen, um die Unversehrtheit und Vertraulichkeit der Daten in vollem Umfang zu gewährleisten.

Der durch die Vorratsdatenspeicherung bewirkte Eingriff in Art. 7 GrCh erweist sich damit als nicht erforderlich und daher als **unverhältnismäßig**.

2. Art. 8 GrCH

a) Schutzbereich

Nach Art. 8 GrCh hat jede Person das **Recht auf Schutz der sie betreffenden personenbezogenen Daten**. Wie bereits dargelegt werden bei der Vorratsdatenspeicherung Daten gespeichert, die erhebliche Rückschlüsse auf das Privatleben desjenigen ermöglichen, der die entsprechenden Kommunikationsmittel nutzt. Der Schutzbereich ist damit eröffnet.

b) Eingriff

Die Speicherung und die anschließende Weitergabe stellen **Eingriffe** in dieses Recht dar. Insoweit ergeben sich im Vergleich zu Art. 7 GrCh keine Unterschiede.

c) Rechtfertigung

Das gilt im Ergebnis auch für die Rechtfertigung. Der Eingriff beruht zwar auf einer gesetzlichen Grundlage und berührt auch nicht den Wesensgehalt des Art. 8 GrCh, da die Richtlinie zumindest gewisse Datenschutzregelungen enthält. Aus den oben genannten Gründen erweist sich die Vorratsdatenspeicherung aber als **unverhältnismäßig**.

III. Ergebnis zur Begründetheit

Die Richtlinie zur Vorratsdatenspeicherung verletzt Art. 7 und Art. 8 GrCh und ist daher **nichtig**.

C. Gesamtergebnis

Die Nichtigkeitsklage der Bundesregierung ist zulässig und begründet und hat daher Aussicht auf Erfolg.

2. TEIL: EMPFEHLENSWERTE LITERATUR

Im folgenden Teil finden sich einige **Literaturempfehlungen.** Die genannten Beiträge eignen sich, um die soeben dargestellten Fälle sowohl vorzubereiten als auch zu vertiefen. Es handelt sich dabei um eine Auswahl, ohne den Anspruch auf Vollständigkeit zu stellen. Eine Sammlung mit den wichtigsten Urteilen des EuGH findet sich bei *Pechstein,* 8. Auflage 2014.

I. Lehrbücher

Bieber/Epiney/Haag, Die Europäische Union, 12. Auflage 2016
Ehlers (Hrsg.), Europäische Grundrechte und Grundfreiheiten, 4. Auflage 2014
Ehlers/Schoch, Rechtsschutz im Öffentlichen Recht, 2009
Enchelmaier, Europäisches Wirtschaftsrecht, 2005
Grabenwarter/Pabel, EMRK, 6. Auflage 2015
Herdegen, Europarecht, 18. Auflage 2016*
Hobe, Europarecht, 8. Auflage 2014*
Oppermann/Classen/Nettesheim, Europarecht, 7. Auflage 2016
Pechstein, EU-Prozessrecht, 4. Auflage 2011
Schütz/Bruha/König, Casebook Europarecht 2004
Streinz, Europarecht, 10. Auflage 2015
Streinz/Ohler/Herrmann, Der Vertrag von Lissabon, 3. Auflage 2010
Thiele, Europäisches Prozessrecht, 2. Auflage 2014
Thiele, Europarecht, 14. Auflage 2017*
Zacker/Wernicke, Examinatorium Europarecht, 3. Auflage 2004

* besonders für den Einstieg geeignet

II. Kommentare

Calliess/Ruffert, EUV/AEUV, 5. Auflage 2016
Geiger/Khan/Kotzur, EUV/AEUV, 6. Auflage 2016
Schwarze, EU-Kommentar, 3. Auflage 2012
Streinz, EUV/AEUV, 2. Auflage 2012

III. Fallsammlungen

Arndt/Fischer/Fetzer, Fälle zum Europarecht, 7. Auflage 2010
Epping/Lenz, Fallrepetitorium Europarecht, 2005
Lorz, Fallrepetitorium Europarecht 2006
Musil/Burchard, Klausurenkurs im Europarecht, 3. Auflage 2013
Pieper, Fälle und Lösungen zum Europarecht, 2. Auflage 2004

IV. Aufsätze

Beljin, 2002, 987 (Tipps zur Fallbearbeitung)
Cole/Haus, JuS 2002, 81; 2000, 145, 353, 561, 1173 (Grundlagen)
Cremer, Jura 2015, 39 (Grundfreiheiten)
Deja, Jura 2004, 807 (Allgemeine Lehren Grundfreiheiten)
Diehm, JuS 2007, 209 (Begriff des Europarechts)
Dörr/Urban, Jura 2011, 681 (Glücksspielrecht/Dienstleistungsfreiheit)

Ehlers, Jura 2001, 266, 482 (Allgemeine Lehren Grundrechte)
Ehlers, Jura 2001, 266, 482 (Grundfreiheiten)
Ehlers, Jura 2002, 468 (Grundrechte)
Ehlers, Jura 2011, 187 (Vorrang des Europarechts)
Engels, JuS 2012, 210 (Integrationsverantwortung des Bundestags)
Finck/Gurlit, Jura 2011, 87 (Rückabwicklung von Beihilfen)
Finger, JA 2005, 228 (Einfluss auf das Verwaltungsprozessrecht)
Frenz, Jura 2011, 678 (Grenzüberschreitungen von Gesellschaften in der EU)
Frenz, Jura 2012, 120 (Supranationale Gesellschaftsformen)
Frenz, Jura 2012, 701 (Raum der Freiheit, Sicherheit und des Rechts)
Frenz, Jura 2015, 66 (Unternehmensbegriff)
Görisch, Jura 2012, 42 (Agenturen der Europäischen Union)
Groß, Jura 2012, 386 (Klagebefugnis nach Trianel)
Hamer, JA 2003, 666 (Rechtsschutz)
Hatje, Jura 2003, 160 (Niederlassungsfreiheit)
Heinemann, Jura 2003, 649, 721 (Kartellrecht)
Held/Wegener, Jura 2004, 479 (Staatshaftung)
Herrmann, Jura 2010, 166 (Vertrag von Lissabon)
Heun, JZ 2014, 331 ff. (OMT-Vorlage-Besprechung)
Hölscheidt/Putz, JA 2004, 262 (Verfassungsvertrag)
Hufeld, JuS 2005, 865 (Europäischer Haftbefehl)
Jestaedt, Jura 2006, 127 (Laserdrome-Entscheidung)
Kahl, Jura 2011, 364 (Unionsbürgerstatus)
Kenntner, JuS 2004, 22 (Warenverkehr)
Kling, Jura 2005, 298 (Staatshaftung)
Koch, JuS 2004, 755 (Niederlassungsfreiheit)
Korell, JuS 2006, 1 (Diskriminierungs-Richtlinie)
Krieger, JuS 2004, 855 (Staatshaftung)
Kühling/Klar, Jura 2011, 771 (Grundrechtecharta und EuGH)
Leenen, Jura 2012, 753 (Auslegung von Richtlinien)
Leupold, Jura 2011, 762 (Dienstleistungsfreiheit)
Ludwigs, Jura 2006, 41 (Beihilfenrecht)
Mayer, Jura 2011, 532 (Besprechung der Honeywell-Entscheidung)
Mayer, JuS 2010, 189 (Vertrag von Lissabon)
Michaelis/Holtwisch, JA 2005, 71 (Umweltrecht)
Möller, Jura 2006, 91 (Verhältnis Europarecht/nationales Recht)
Oberrath, JA 2003, 867 (Umweltrecht)
Oppermann, DVBl 2008, 473 (Vertrag von Lissabon)
Oppermann, DVBl. 2003, 1165, 1234 (Verfassungsvertrag)
Polzin, JuS 2012, 1 (Rangverhältnis von Verfassungs- und Unionsrecht)
Remmert, Jura 2003, 13 (Grundfreiheiten)
Ruffert, Jura 2005, 258 (Allgemeine Lehren Grundfreiheiten)
Schoch, Jura 2002, 837 (Staatshaftung)
Schöndorf-Handbold, JuS 2006, 112 (Staatshaftung)
Schroeder, JuS 2004, 180 (Auslegung des EU-Rechts)
Seyr, JuS 2005, 180 (Verfahrensablauf vor dem EuGH)
Stievi/Werner, JuS 2006, 106 (Beihilfenrecht)
Stöbener/Stöbener/Wendel, Jura 2012, 585, 671, 762 (Aktuelle Rechtsprechung)
Stolz, JuS 2002, 560 (Grundfragen)
Sydow, JuS 2005, 97, 202 (Einfluss auf das Verwaltungsrecht)
Terhechte, EuR 2008, 143 (Vertrag von Lissabon)
Thiele, EuR 2010, 30 (Rechtsschutzsystem)
Thiele, JA 2005, 621 (Prüfung Grundfreiheiten)

166

Thiele, ZEuS 2006, 41 (Steuerrecht)
Vetter/Warneke, JuS 2005, 113 (Anerkennung von Diplomen)
Welser, JA 2002, 240 (Beihilfenrecht)

V. Weitere Fälle in Zeitschriften

Herbst, Jura 2000, 586 (vorläufiger Rechtsschutz durch nationale Gerichte)
Kingreen, Jura 2001, 547 (Staatshaftung, Grundfreiheiten)
Köpferl, Jura 2011, 234 (Kartellrecht)
Krönke, JuS 2012, 347 (Aufhebung eines VA)
Odendahl, Jura 2002, 563 (Europarecht und nat. Verwaltungsrecht)
Orth, JuS 2002, 442 (Allgemeine Fragenklausur)
Pechstein/Köngeter, Jura 2006, 148 (Grundfreiheiten)
Staufer/Steinebach, Jura 2012, 883 (Freizügigkeit im Hochschulrecht)
Thiemann, JuS 2012, 735 (Vorrang des Unionsrechts und Verfassungsrecht)
Trautwein, JA 2000, 683 (Richtlinienwirkung)
Trautwein, JA 2002, 682 (Alkoholwerbeverbot)